论语新解

孔子语录是如何形成的

〔日〕渡边义浩 著

叶晶晶 郭连友 译

世界知识出版社

致中国读者

《论语》作为中国一本体现日常伦理规范的道德之书，时至今日仍在日本广为传阅。然而，阐明《论语》的道德性或孔子的思想并非本书的目的所在。本书旨在探讨的问题是，从秦汉帝国到隋唐帝国，即在所谓的"古典中国"时期，《论语》是如何形成的？统称为"古注"的注释具有哪些特点？

汉光武帝是王莽时期形成的"古典中国"的继承者，他曾在诏书中引用《论语》。《论语》不在"五经"之列，太学中也未设相关博士官。但为何《论语》能够与《尚书》《春秋》相提并论呢？究其原因是由于《论语》与《孝经》一样，都是儿童启蒙书籍，家喻户晓，因此更有说服力，以"孔子曰"开头的章节极具吸引力，五百余章内容中包含的事例也十分丰富多彩。

对于先秦之前的著作，确认作者是谁的意义不大。在那个时代，书籍是学派的共同财产，他们会根据学派理论的发展情况进行改写。《论语》中之所以呈现出多种思想，正是因为它是以孔子为创始人的儒家学派在漫长岁月中逐渐编撰而成的缘故。本书试图追溯《论语》的形成过程，并希望藉此明确其中包含的复杂思想。

《论语》的注释可分为"古注"和"新注"两大体系。古注以训诂学为基础，侧重于经文的解释。古注中思想性最强的是东汉郑玄的《论语注》，因其解释中融入了"郑玄学"，使得该书晦涩难懂，后来曹魏何晏为幼帝编撰的《论语集解》便成了古注的代表书籍。梁代皇侃的《论语义疏》则进一步对何晏的《论语集解》进行了注释。该书在中国失传，却幸存于日本，后于清代传回了中国。皇侃《论语义疏》亡佚主要有两个原因，其一是北宋邢昺的《论语注疏》被列入"十三经注疏"，成为"古注"的代表书籍；其二是朱熹《论语集注》的传阅度极广。尽管如此，在推崇"汉学"的清朝，传承汉魏注释的古注仍然受到了重视。清代刘宝楠的《论语正义》就分别汲取了朱熹《论语集注》和古注的精华部分。

与古注不同，以朱熹《论语集注》为代表的新注，更注重从理论上探究儒教精神。在明代，朱子学成为官学，胡广等人奉永乐皇帝之命编撰了《论语集注大全》。到了清代，出现了简朝亮的《论语集注补正述疏》。日本学者们也继承了朱熹的上述态度，江户时代的伊藤仁斋撰写了《论语古义》，荻生徂徕撰写了《论语征》。

本书将从这些《论语》的不同解释出发，探讨古注的发展情况。《论语》的解释涉及五百余章内容，本书选取了其中反映注释者自身观点的章节，尝试阐明他们在注释中表达的思想及所体现的时代思潮，并由此揭示《论语》附有如此多注释的部分原因。

应新航道国际教育集团董事长胡敏先生的提议，本书由著名日本研究学者郭连友及其高徒叶晶晶翻译而成，并由世界知识出版社出版。在此，谨向所有相关人员表示衷心的感谢。

渡边义浩
日本早稻田大学常任理事
2024 年 6 月 1 日

序　言

《论语》是有史以来传阅最广的东亚经典。

涩泽荣一被誉为"日本资本主义之父",自2024年(日本令和六年)起,一万日元的纸币上出现了他的肖像。涩泽一生钟爱《论语》,不仅将其奉为经营管理的金科玉律,还将其看作是为人处世的行动指南。除了涩泽之外,有许多人至今仍把《论语》当作立身行事的规范,广为传阅。在阅读时,人们默认以"子曰"开头的"子"的言论均出自孔子。因此,即便"子曰"的言论之间有矛盾之处,解读时也会找理由将这些矛盾合理化。

例如,《论语》中孔子对管仲的评价。管仲曾辅佐齐桓公成为春秋时期的第一位霸主。孔子对他的评价共计四处,其中有三处是予以称赞的,而另一处却是严加批评的。先举一个称赞的例子,它出现在孔子与弟子子路的对话中:

【原文】

　　子路曰:"桓公杀公子纠,召忽死之,管仲不死。"曰:"未

仁乎？"子曰："桓公九合诸侯，不以兵车，管仲之力也。如其仁，如其仁。"（《论语·宪问篇》）

【译文】

子路说："齐桓公杀了公子纠，召忽因此自杀殉主，但管仲却活着。"（子路又）说："（管仲）是不仁吧？"孔子说："齐桓公多次召集诸侯会盟时，没用武力，这都是管仲的功劳。(谁能)比得上他的仁德，比得上他的仁德。"

公子纠与齐桓公争夺王位，而管仲在公子纠麾下效力。在公子纠被齐桓公杀死后，同为谋士的召忽自杀殉主。尽管管仲也曾在战争中浴血奋战，甚至一箭射在了齐桓公的衣带钩上，但他却在好友鲍叔牙的竭力劝说下，辅佐齐桓公成就了霸业。子路指出管仲不忠的问题，质疑他不仁。然而，一方面孔子高度赞扬了管仲助力齐桓公称霸，并实施尊王攘夷策略的功绩，认为管仲的仁德是无与伦比的。

另一方面，对于管仲的为人，孔子则批评如下：

【原文】

子曰："管仲之器小哉！"或曰："管仲俭乎？"曰："管氏有三归，官事不摄，焉得俭？""然则管仲知礼乎？"曰："邦君树塞门，管氏亦树塞门。邦君为两君之好，有反坫，管氏亦有反坫。管氏而知礼，孰不知礼？"（《论语·八佾篇》）

【译文】

孔子说:"管仲的器量小呀!"有人便问:"(你是说)管仲节俭吗?"(孔子)说:"管氏(虽是陪臣却像诸侯般)娶了三位女子,从不让手下兼差(专人专职),如何能说是节俭呢?"(那人)问:"那么,管仲懂得礼么?"(孔子)说:"国君建了影壁墙以遮蔽大门。管氏(虽是陪臣)也建了影壁墙以遮蔽大门。国君设宴招待别国的君主时,设有反坫(放还酒杯的台子),管氏也设了反坫。如果说管氏懂得礼,那还有谁不懂得礼呢?"

一开始孔子就说管仲的器量小,又否定了管仲的节俭和知礼。这是对管仲的全盘否定。

关于孔子对管仲自相矛盾的评价,自古以来人们一直尝试找出前后一致的解读方式。然而,无论如何解读,作为同一个人的言论都是不自然的。并且,就前例而言,孔子认为管仲"仁",不仅与后例中他对管仲的评价相矛盾,也与《论语》其他章节(多以"子曰"开始、逻辑完整)相矛盾,比如孔子不认为颜回(颜渊)"仁",甚至也不认为自己"仁"。那么,《论语》中收录的那些所谓的孔子之言,果真都是孔子本人的言论吗?

《论语》是由多位作者在不同的思想背景下,历经漫长岁月逐步编撰而成的。这让人很难相信《论语》中记录的孔子言行均来自孔子本人。根据津田左右吉的研究,在共约五百章的《论语》中,只有不到一半的篇章传达了孔子本人的言行。换言之，《论语》中超过半数的文章都是编撰者们假借孔子名义表达自身思想的内容。《论语》以《学而篇》为始，共二十篇，其中越靠后的篇章，以及篇章中越靠后的章节，假托为孔子言论的部分就越多。

更重要的是，我们也不清楚孔子的言行是否完全按照孔子或设想的多位作者的本意传达了出来，对《论语》中孔子言行的不同解读也导致了差异的出现，这使得人们从《论语》中确切了解孔子作为一名思想家的面貌变得更加困难。

《论语》是东亚的经典之作，其中的孔子言论是如何形成的？这是本书要探讨的内容。迄今为止，这个问题并未引起重视。这是因为在日本等东亚国家，人们理所当然地认为应该按照朱熹（朱子）《论语集注》的注解来解读《论语》。当然，也有许多人，例如本书中提到的狄生徂徕和伊藤仁斋，他们对朱子提出质疑，并在《论语》中寻找区别于朱子描绘的孔子形象。然而，他们发展自身理论，提出新见解的前提依旧是朱子的《论语》诠释体系。换言之，在东亚，朱子对《论语》的诠释一直都是主流。

本书探讨的内容包括《论语》的形成过程，以及直至朱熹《论语集注》出现为止的注释史。由此，本书还将揭露一个事实，即《论语》并不是孔子"宝贵"之言的汇集，所谓的孔子语录，是在漫漫历史长河中，思想家们有意识的再创作。

那么，读《论语》就毫无意义了吗？答案是否定的。《论语》等经典之所以具有超越时代的普遍性，传阅至今，正是因为不同的时代、不同的人以不同的方式接纳了《论语》。每一位拿到《论语》的人都会基于自己的思想来解读它。

话虽如此,那么《论语》在各个时代究竟是如何被接纳的呢?又或者说,《论语》究竟是如何成形的呢?我认为有必要根据《论语》的成书及注释情况,揭秘这个传播的过程。

新冠疫情蔓延之际,我为早稻田大学在线课堂撰写了《论语》讲义。本书由这些讲义整理而成。在这个变幻莫测的时代,有幸与学生共读经典。至于学生们读后如何活用,则取决于他们自己。

此前,在出版《儒教与中国:"两千年正统思想"的起源》(讲谈社选书工房,2010)后不久,我曾许诺要写一本关于《论语》的书。《〈三国志〉的政治与思想:历史上的英雄们》(讲谈社选书工房,2012)出版之后,我在2014年集中撰写了一些有关《论语》的论文,为本书做了准备。遗憾的是,研究曾一度因《齐论》的出土而中断。这次我终于下定决心,完成了这部书稿。其间给已经帮我出了两本书的青山游先生造成诸多不便,对此深表歉意。此次兑现了多年来的承诺,顿觉如释重负。

渡边义浩
于胜浦下町丸竹都寿司
2020年8月15日

目　录

第一章
《论语》创作于何时——追溯形成过程的奥秘　001
　一、素材与释义　003
　二、《论语》形成的传承　015
　三、武内义雄的假说　025
　四、津田左右吉的假说　033

第二章
孔子生平及其弟子们　049
　一、《史记·孔子世家》　051
　二、孔子的思想　061
　三、《史记·仲尼弟子列传》　073
　四、诸子百家与《论语》　088

第三章
孔子是否读过《易经》——《论语》的形成与"三论"　097
　一、司马迁的《太史公书》　099
　二、孔子是否读过《易经》　112

三、定州《论语》与《鲁论》　　121
　　四、《春秋繁露》与《齐论》　　127

第四章
寻求没有矛盾的体系——郑玄的《论语注》　　141
　　一、儒教的国教化　　143
　　二、郑玄与三礼体系　　153
　　三、《论语》内部的综合性　　160
　　四、郑玄注的综合性和系统性　　169

第五章
"道"之原理——何晏的《论语集解》　　183
　　一、从独尊儒术到四学三教　　185
　　二、何晏与正始之变　　195
　　三、道的绝对性　　201
　　四、舜的无为　　210

第六章
继承与失去——皇侃《论语义疏》和邢昺《论语注疏》   217
    一、佛教的兴起   219
    二、皇侃《论语义疏》与平等观   226
    三、《五经正义》与《论语注疏》   236
    四、忠实于注的《论语注疏》   242

终章
"古注"与"新注"——朱熹《论语集注》与江户儒学   255

《论语集解》摘译   269

参考文献   295

译者后记   305

| 北宋 | 梁 | 三国 魏 | 东汉 |

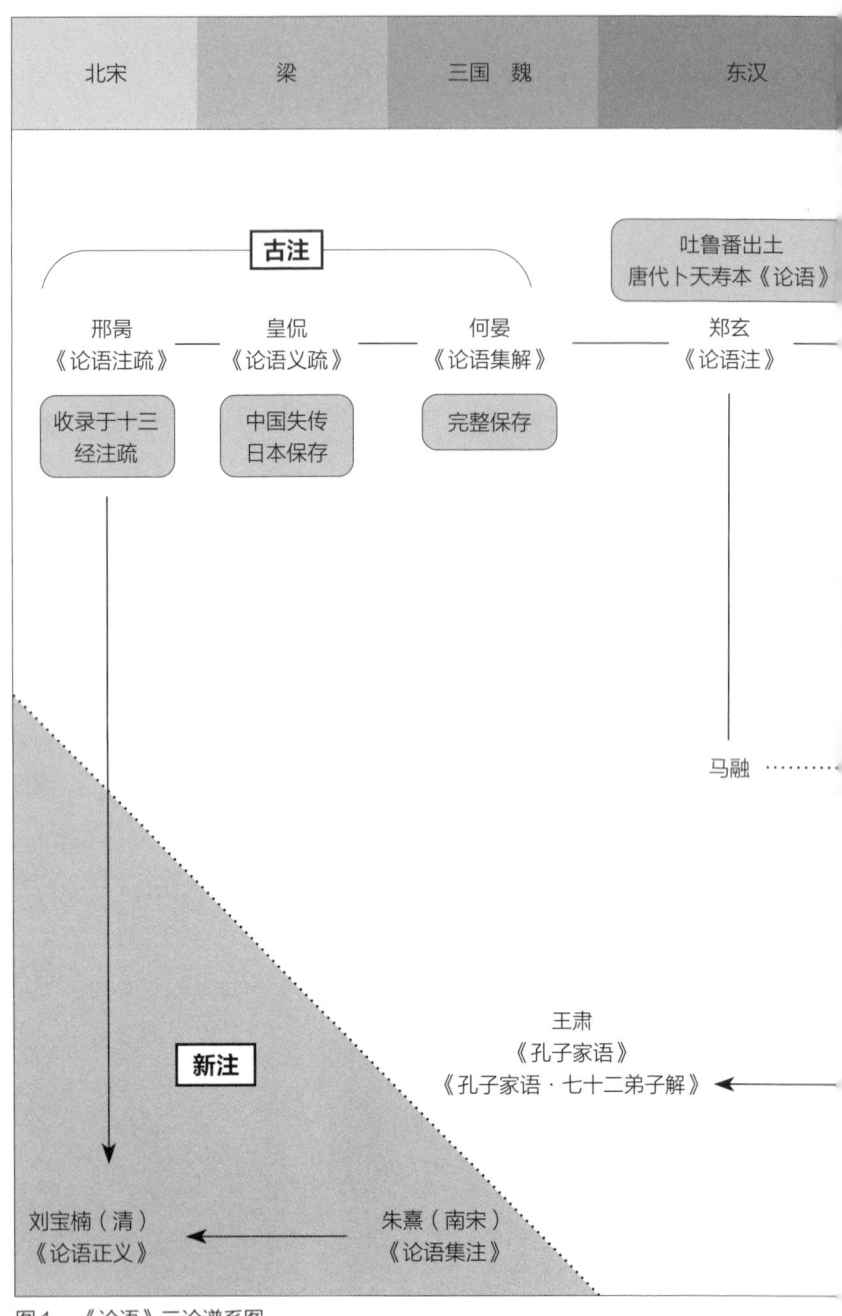

古注

- 邢昺《论语注疏》— 皇侃《论语义疏》— 何晏《论语集解》— 郑玄《论语注》
- 收录于十三经注疏
- 中国失传 日本保存
- 完整保存

吐鲁番出土 唐代卜天寿本《论语》

马融

王肃《孔子家语》《孔子家语·七十二弟子解》

新注

刘宝楠（清）《论语正义》 ← 朱熹（南宋）《论语集注》

图1 《论语》三论谱系图

注：《论语》三论的谱系及相关文献，▢ 表示现存《论语》的版本信息。

西汉

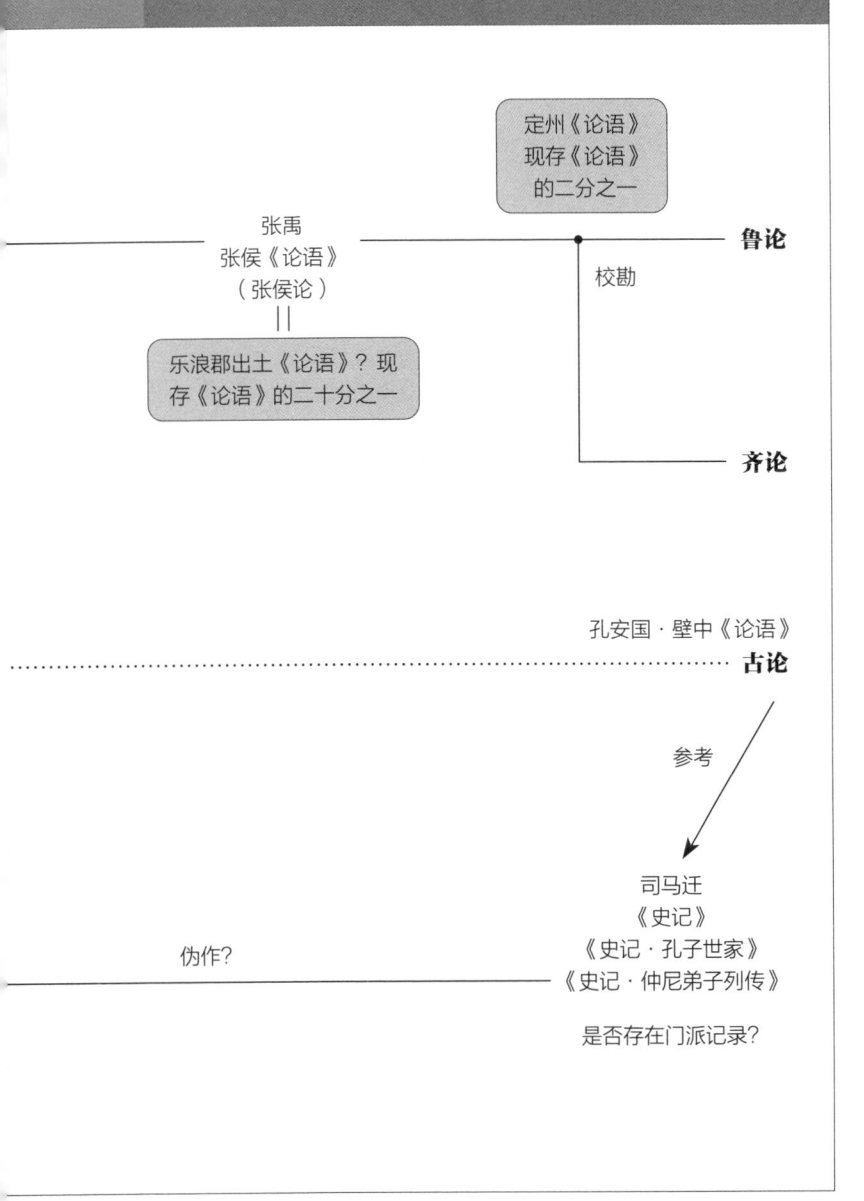

```
                              定州《论语》
                              现存《论语》
                              的二分之一

        张禹
        张侯《论语》  ────────●──────── **鲁论**
        （张侯论）        校勘
            ‖
   乐浪郡出土《论语》？现
   存《论语》的二十分之一
                              ────────  **齐论**


                        孔安国·壁中《论语》
   ⋯⋯⋯⋯⋯⋯⋯⋯⋯⋯⋯⋯⋯⋯⋯⋯⋯⋯⋯⋯⋯⋯⋯⋯⋯⋯⋯⋯⋯  **古论**
                                    │
                                 参考 ↓

                                 司马迁
                                《史记》
                             《史记·孔子世家》
   伪作？─────────────────《史记·仲尼弟子列传》

                            是否存在门派记录？
```

译者绘制，经作者审定。

# 第 一 章

《论语》创作于何时
——追溯形成过程的奥秘

一、素材与释义

《论语》的素材

《论语》是孔子（公元前551年至公元前479年）一派的言行录，共由二十篇文章组成。《论语·卫灵公篇》中记载了弟子们记录孔子言行的情况：

【原文】

子张问行。子曰："言忠信，行笃敬，虽蛮貊之邦行矣。言不忠信，行不笃敬，虽州里行乎哉？立则见其参于前也，在舆则见其倚于衡也，夫然后行。"子张书诸绅。

【译文】

（弟子）子张问（我们的主张在世上）行得通的方法。孔子说："如果言语忠实可信，行为笃厚恭敬，那么即使在野蛮国家，也能行得通。如果言语欺诈无信，行为刻薄轻浮，那么即便在（国内的）州或里，就能行得通吗？站立时，仿佛隐约看见'忠实、可信、笃厚、恭敬'几个字在面前晃；坐车时，仿佛看见它们刻在车辕（车前的横木）上。做到这种程度就行得通了。"子张把这些话写在了绅（大带）上。[1]

现如今，日语的"绅士服"一词中仍保留有"绅"这个字。"绅"，最初指的是古代礼服所用的大腰带。绅士则指能够穿礼服的身份高贵的君子。在日本，绅士服饰店里很少卖T恤和短裤的原因也在于此。古代人把绅缠在腰上，然后把多余的布垂在上面作为装饰，子张便是在那里写下孔子语录的。

一般认为这些记录构成了《论语》的基础。这就是《论语》的素材。

---

[1] 本书中有关《论语》的原文参考〔三国魏〕何晏集解《论语集解》（商务印书馆，2023），现代汉语译文主要参考杨伯峻译注《论语译注》（中华书局，2017），陈晓芬、徐儒宗译注《论语大学中庸》（中华书局，2015）等。释义有出入的，以日文原稿为准。
其他参考书目主要有：〔东汉〕王充原著、陈建初等译《白话论衡》（岳麓书社，1997）；张永雷等译注《汉书》（中华书局，2016）；〔汉〕班固撰《汉书》（中华书局，2007）；杨伯峻译注《孟子译注》（中华书局，2019）；方勇译注《墨子》（中华书局，2015）；〔战国〕韩非著、张觉等译注《韩非子译注》（上海古籍出版社，2016）；张大可译《白话本史记》（商务印书馆，2017）；文天译注《史记》（中华书局，2016年）；杨天宇译注《周礼译注》（上海古籍出版社，2016）；〔南朝宋〕刘义庆著《世说新语》（商务印书馆，2018）；〔梁〕黄侃撰、高尚榘校点《论语义疏》（中华书局，2013）；〔三国〕何晏注、〔宋〕邢昺疏《论语注疏》（中国致公出版社，2016）；彭林译注《仪礼》（中华书局，2012）等。——译者注

古注和新注

以"绅"为例,我们之所以能够像目睹两千多年前的生活般对其进行解释,是因为《论语》里加了一种统称为"注"的东西。"注"用于表示《论语》中所用字词的含义,解说句子的内容。许多注解有时是根据注释者自身的立场和观点作出的诠释。人们一直是通过"注"来解读《论语》的,据说已经收集到的古今注释种类多达三千种。

最出名的《论语》注释是南宋朱熹(1130年至1200年)撰写的。这本将《论语》原文与"注"结合而成的书被称为《论语集注》。朱子注又被称为"新注",这是因为在朱子之前存在他试图超越的"古注"。

"古注"的基础是三国时期曹魏大臣何晏(?年至249年)所著的《论语集解》,这也是《论语》现存最早的完整注本。正如"集解"(汇集注

图2 郑玄故乡,山东省高密市里的郑公祠。据说郑玄之魂平息了附近湖水的泛滥。

渡边义浩提供

释，断以己意）一词所示，何晏的《论语集解》[1]是此前注释的集大成之书。

在何晏之前，最重要的注本是东汉郑玄（127年至200年）的《论语注》[2]。郑玄的学术造诣高于何晏。

郑玄和朱子是继孔子之后最重要的两位儒者，巧合的是他们俩相隔千年去世。他们二人不仅为《论语》作注，还为各种儒教经典作注，分别是我所定义的"古典中国"（汉至唐）和

1　〔三国〕何晏《论语集解》，在孔安国、郑玄等八家注释的基础上加入了自己的解释。曹魏何晏（？年至249年）撰写的《论语》注释书，现存最古老的《论语》完整注本。它被称为"古注"，与宋代朱熹《论语集注》（"新注"）相对，是理解古义的最佳书籍。该书摘录并收集了生活在汉至魏的孔安国、包咸、马融、周氏（名不详）、郑玄、陈群、王肃、周生烈等八家注释，并加入了自己的解释。日本现存有正和四年（1315年）的抄本（手稿，公益财团法人东洋文库藏，重要文化财产），以及正平十九年（1364年）的抄本。

2　〔东汉〕郑玄《论语注》，出土于敦煌、吐鲁番（约现存《论语》的二分之一）。郑玄（127年至200年）撰写的《论语》注释书，从郑玄学整体角度解读《论语》，在所有古注中思想内涵最为深刻。月洞让《辑佚论语郑氏注》（私家本）汇集了从《论语集解》等其他文献收集而来的郑玄注，是一本劳心之作。此外，法国的佩里奥在敦煌石窟发现了约四篇注释，英国的斯坦因和日本的大谷光瑞也分别发现了几行注释。在吐鲁番墓地还发现了一部不足四篇的手抄本，作者是一个名叫卜天寿的十二岁少年。它们加在一起的篇幅约为半部《论语》。金谷治（编）《唐抄本郑氏注论语集成》（平凡社，1978）是这些文献的汇编本。在王素编著《唐写本论语郑氏注及其研究》（文物出版社，1991）、李方编《敦煌〈论语集解〉校证》（江苏古籍出版社，1998）、张涌泉主编、审定《敦煌经部文献合集》（中华书局，2008）中也有《论语注》辑佚本。

"近世中国"（宋至清）的儒家代表人物。所谓"古典中国"，是指当中国所处的国家和社会发展达到极限时，被国家自身视为"古典"的"中国形象"。相对郑玄汇编的"古典中国"的儒教经义，朱子以国家和社会变迁为背景，通过对经典的阐释，展现出一种新的"近世中国"形象。在近代以前的中国，郑玄和朱子各自形成的国家构想同时存在。因此，即使国家因农民起义而覆灭，也会重新建立一个与之前相似的王朝。为了展示国家和社会应遵循的规范，郑玄和朱子都不断地为包括《论语》在内的诸多经典作注。当然，注释中给出的解释各不相同。

注释引发的不同解释

虽说并非所有郑玄注和朱熹注的解释都不同，但即使在上述"子张问行"的例子中，解释上也存在细微差别。例如，关于"州里"一词，何晏《论语集解》中引用的郑玄《论语注》解释道："万二千五百家为州，五家为邻，五邻为里。"在郑玄生活的东汉，一个家庭普遍为五口人，由此可以理解郑玄所说的一州为 62500 人，一里为 125 人。而朱子《论语集注》则解释说："二千五百家为州。"换言之，一州是 12500 人。同样的解释也适用于"里"。

谈及"州里"时，按照郑玄的观点，它们分别是 62500 人和 125 人居住的地方；而按照朱子的观点，则是 12500 人和 125 人。相比之下，朱子所理解的州和里相差不太大，看起来更合理，而郑玄注中的州里之间的人数差距过于悬殊。朱子可能也是这么认为的，为此根据《周礼》这本儒教经典，将"州"定义成2500家。由于两种解释差异过大，因此安井息轩《论语集说》认为是人们在传抄《论语集解》时误加了一万而导致的。

然而，此处的时代背景有所不同。在郑玄生活的东汉时期，由于使用的行政区划是州—郡—县—里，因此给人的印象是州与里之间差别较大。而朱子生活的南宋时期，其行政区划是州—县—里，因此感觉人数上的差别不大。那么，在孔子生活的春秋末年，鲁国的行政区划又是怎样的呢？春秋时期并未采用类似于汉朝郡县制或宋朝州县制的中央集权制，实行的是地方分权式的封建制度，行政区划中并没有州—郡—县—里的体系。换言之，不能说两个注释都绝对正确。

在这种情况下，译者会从句子结构的角度考虑字词的含义。"州里"一词与"蛮貊之邦"（"野蛮国家"）对偶，"野蛮国家"指的是边远地区的少数民族大国。如果是对偶，那么"州里"就是与"蛮貊之邦"相对应的文明程度更高的存在。为表示州与里之间也有行政区划，我把它译为"州或里"。

我之所以坚持解释这些一目了然的东西，有三个原因。第一，可以弄清《论语》为何有如此多的"注"。无论是郑玄、朱子，还是我，只要是《论语》的读者，都会根据自己所处时代的常识来解读《论语》。因此，有多少种常识，就会产生多少种解释。第二，通过收集并分析《论语》中使用的字词，有可能确定《论语》的成书时代。如果《论语》中指代一个地区的用字均为"州里"（可惜并非如此），那么一旦确定"州里"

一词的诞生年代,就有可能得知《论语》是何时编撰的。第三,还能推断出孔子言论未必是被原封不动地记录下来的情况。很少有人在说话时会有意识地用对偶。使用对偶是为了让文章更容易背诵,也是为了使文章更有条理。可见上述"子张问行"中的孔子言论是经过加工的。在部分章节中,按照日语语法重新排列后的古典日语译文自不必说,即便在阅读现代日语译文时,也能发现是押韵的。

素材的收集方式

下面将从原文中摘抄一些句子,以便了解它的押韵方式:

有子曰:"信近于义,言可复也。恭近于礼,远耻辱也。因不失其亲,亦可宗也。"

即便是日语发音,也能看出"义"(gī)与"礼"(leī)、"复"(fukū)与"辱"(jokū)是交替押韵的。而且,如果仅是"言可复""远耻辱",便无法形成四字句,为此加上了一个虚词"也"(本身没有意义的字)来补齐。在日本发明的古汉语直译法"汉文训读"[1]中,有时会将"也"省略不读(日本高中汉文课程将

---

1 汉文训读法是日本人用来解读汉语文言文的一种方法,它通过使用一系列特殊符号和假名标注,将古汉语文本转化为符合日语语法、可以用日语阅读的古典日语文本。——译者注

其视为"语气助词"），目的是为了尊重上述情况下的押韵方式，以及使用四字句对齐的习惯。

【原文】

有子曰："信近于义，言可复也。恭近于礼，远耻辱也。因不失其亲，亦可宗也。"（《论语·学而篇》）

【译文】

有子说："所守信约符合义，（这些）话才能反复地说。态度恭敬合乎礼，才能远离耻辱。所亲近的对象没有失去其亲近之人，也能获得尊重。"

之所以将"因"读作"したしむ"（亲近），是因为何晏《论语集解》注道："因，亲也。"（因，意为亲近）而朱子的《论语集注》对此有不同的解释，其注释为："因，犹依也"（因，意为依靠）。

纵然《论语》传达的是孔子的言论，但也并非都是孔子所说的原话。换言之，有些话语是经过重新编辑的，采用了更易于诵读的对偶形式，有时还要押韵。

此外，在解读《论语》时，这里使用的是经过汉文训读法，按照日语语法改写成带假名后的文章。对此也会有一些批评的声音。有些人认为，既然学习外国古典，自然应该用该国的语言来学，因此中国古典也应该通过汉语语音来学习。然而，那个时代的汉语发音与现在使用的汉语发音相差甚远。在某些情况下，日语的音读[1]反而更为接近。而且就中国古典而言，我们的祖先发明了一种名为训读的直译法，在语言不通的情况下就享受到了中国古代的智慧结晶。进而言之，汉文训读创造了日语的骨架，还具有剔除多余内容的作用。摒弃汉文训读可能会让祖先留下的宝贵文化消失。

更重要的是，与世界主流的利用汉语语音学习中国古典的研究相比，日本通过训读进行的中国古典研究，迄今为止取得的成果毫不逊色。我是后者的继承者，亦是本书原则上按照训读方式解读《论语》文章的理由。当然，为了读者阅读方便，我添加了现代日语译文，文末附上了《论语集解》摘译，并整理了本书所涉及的《论语》训读文本和现代日语译文。

各篇的概要

孔子的言行经过反复整理，通过口口相传，或者以写在竹木简上的方式（何晏生活在三国时期，直至统一三国的西晋时期才开始广泛使用纸张进行书写）流传下来。然后，编者按照不同的内容逐渐进行了汇总。除孔子之外，《论语》中还添加了孔子弟子们的言行，以及人们假借孔子之名来对抗其他学派

---

[1] 日语中的汉字一般都会有两种读法，即音读和训读。模仿当初传入日本时的汉字读音读出来的方式，称为音读；只取汉字义，发音按照日本固有词的，称为训读。同一个汉字在日语中可能有不止一种读法，是由于其在不同时期（南北朝、隋唐、宋等）吸收了当时汉字的发音。——译者注

的言行。通过上述方式编撰并流传下来的内容共二十篇，第一篇是《学而篇第一》，最后一篇是《尧曰篇第二十》。

二十篇文章的每个篇名均取自开篇的文字，较为随意。各篇的内容看似也是简单、零散章节的拼凑，至少可以认为它不是由孔子或多位编者出于一个明确的目的、希望系统地传达某种思想的一本书。不过，各篇章间的逻辑之所以变得像现在这般难懂，是因为它在传承过程中发生了一些变化，例如增加了章节等。最初应该是有一定的逻辑的，就像现在的《里仁篇》一样。由于各篇都有自己的特点，因此我将其整理成了表格：

表1 《论语》各篇提要

学而篇第一	展示学习方法。朱子认为这是孔子的核心思想。
为政篇第二	政治的根本在于孝悌和友爱，尤其是要在全社会传播孝道。
八佾篇第三	教导人们尊重礼乐。礼的精神就是"仁"。
里仁篇第四	阐述仁的重要性。君主是仁的体悟者。该篇较为连贯。
公冶长篇第五	主要是对弟子的评价。器重颜回和子路。
雍也篇第六	主要是对弟子的评价。突出对"仁"和"知"的论述。
述而篇第七	多处描写孔子自身的言论、容貌姿态、行动。
泰伯篇第八	连载曾子的言论。谈及孔子的偶像，从周公到尧、舜、文王。
子罕篇第九	多为条目式描述。一般认为是相对较晚的文章，如阐述利益。
乡党篇第十	孔子的行为。何晏认为该篇整体是一章，而朱子则将其分为十八章。
先进篇第十一	弟子的人物评价。认为曾子鲁钝，未列入孔子十哲。

续表

颜渊篇第十二	论述"仁"和"政"。阐述复礼是仁的实践方法。
子路篇第十三	前半部分讨论政治,后半部分讨论善人、道德。
宪问篇第十四	赞美管仲(《八佾篇》里为贬低)。将仁、知、勇相提并论。
卫灵公篇第十五	以"仁"为"恕"(《里仁篇》里为"忠恕")。
季氏篇第十六	仅本篇以"孔子曰"开头。有许多后人增补之处。
阳货篇第十七	多为条目式描述。许多用词与《荀子》、《韩诗外传》和《孟子》一致。
微子篇第十八	多为条目式描述。赞美隐士。还有些句子与《庄子》相同。
子张篇第十九	未见孔子的言行,仅记录了弟子的言行。对子贡进行了评价。
尧曰篇第二十	据推测,可能是揭示由尧舜至孔子的道统的文章。

从表中可以看出,《论语》在进入二十篇中的后半部分之后,与前半部分相比,已经变了味道。《季氏篇》中写有"孔子曰",其他地方还有"子"这样的表述;《阳货篇》与其他书籍有诸多重复之处;《微子篇》称赞了与儒家持相反立场的隐士;《子张篇》未记录孔子的言论;至于《尧曰篇》,它只有三章,怎么看都像是只写了一半的文章。

在日本江户时代,《论语古义》的作者伊藤仁斋(1627年至1705年)将二十篇《论语》分为前十篇"上论"和后十篇"下论",认为前者形成较早,后者是对前者的补遗。持相同观点的还有清代的崔述(1740年至1816年)。武内义雄(1886年至 1966 年）继承了崔述的学说，并对《论语》二十篇形成之前的原貌提出了新的假说。

  与此相反，津田左右吉（1873 年至 1961 年）则认为不能设想每一篇都有一个连贯的结构。并且，他对《论语》是否真实再现了孔子言论一事表现出强烈的质疑，对每一章进行了拆分和详细研究。在这一点上，可以认为他受到了江户时代荻生徂徕（1666 年至 1728 年）的影响，荻生徂徕就曾在《论语征》中指出《论语》里的言论"未必就是孔子说的话"。

  武内和津田的学说在厘清《论语》形成过程方面迈出了重要一步，因此下文将对此进行详细探讨。

二、《论语》形成的传承

《论语》是何时编撰而成的？

《论语》的编撰时间和编撰者不详。郑玄认为是孔子的弟子仲弓（冉雍）、子夏（卜商）等人编撰的。此外，南朝梁的皇侃（488年至545年）撰写的注释书《论语义疏》[1]指出，《论语》由"七十弟子之门徒"合编而成。"七十弟子"指的是孔子的弟子，即《史记·孔子世家》中的七十二人（《史记·仲尼弟子列传》中为七十七人），这些弟子的"门徒"就相当于是孔子的徒孙。

孔子的"子"是尊称，意为老师。在《论语》中，编者给

---

[1] 〔梁〕皇侃《论语义疏》，中国已失传，幸存于日本。佛学式玄学式的解释。梁代皇侃（488年至545年）撰写的《论语》注释书，在何晏《论语集解》的基础上，收集了后来的注释并加以解释。该书对理解古义具有重要价值，并因其诞生于佛教和玄学（老庄思想）兴盛的时代而独具特色。虽然它在中国已失传，但传入日本后，江户时代的根本逊志（又名根本武夷，荻生徂徕弟子）对其进行了校刻，后又重新传回中国。武内义雄校订的怀德堂本，以及据此点校的高尚榘《论语义疏》（中华书局，2013）比较浅显易懂。

曾子（曾参）、有子（有若）、冉子（冉求或冉有）、闵子（闵子骞或闵损）等四位弟子加了尊称。因此，认为该书是由他们的弟子，即孔子的徒孙编撰的说法有一定道理。

中唐文学家柳宗元（773年至819年）在《论语辩》中将《论语》的编撰者限定为曾子和有子的弟子。此外，荻生徂徕的弟子太宰春台（1680年至1747年）在《论语古训外传》中发现，《论语》中存在以弟子的第一人称开头的文章，认为包括"牢曰"一章在内的"上论"为琴牢编撰，而包括"宪问耻"一章在内的"下论"为原宪编撰。

然而，对于先秦之前的著作而言，对作者进行限定的意义并不大。譬如《老子》，近年来陆续发现的出土资料表明了其原貌与现在的版本大相径庭，证实了它曾不断地被重写、被修改。这是因为当时的书籍是学派的共同财产，人们会根据学派所提倡的学说的发展情况进行改写。

《论语》中之所以存在多种思想，是因为它并不是由固定的某个人编撰的，而是由以孔子为创始人的学派（儒家）耗费大量时间逐步编撰而成的。但这并不是说《论语》的编撰者中就没有孔子的徒弟或徒孙。他们应该提供了一些最古老的素材。然而，《孟子》中引用了一些未见于《论语》的孔子语录，由此也可以明显看出，即便是由孔子的徒弟或徒孙进行编撰的，当时《论语》也尚未完成。换言之，《论语》是由包括孔子的徒弟、徒孙及其后辈们在内的儒家学派经过长时间编撰而成的书籍。

那么，《论语》的书名是何时诞生的呢？书名的固定会在一定程度上限定书的内容，《论语》书名一旦定下来，那么内容上出现任何重大改动,都会导致该书不再是《论语》。

"论语"一词在《史记·仲尼弟子列传》的《太史公曰》中的用法如下。"太史公"指司马迁(约公元前145或前135年至?年),《太史公曰》附在本纪或列传末尾,是司马迁(或其父司马谈)进行评论的部分。太史公说:"学者评价(孔子弟子之)七十位门徒们时,赞美他们的人言过其实,诋毁他们的人不明真相。总之,甚至不看他们的容貌便议论品评。那个时候,论言和弟子籍是孔氏(旧宅墙壁中取出的)古文,接近真相。关于弟子姓名的文字,我均取自论语和弟子问,按顺序编成这篇(《仲尼弟子列传》),有疑问的地方就空着。"

上述译文按照弥和顺论文[1]中的观点翻译而成。弥和顺批判地继承了金德建著《司马迁所见书考》(上海人民出版社,1963),在《论〈史记〉"论言弟子籍""论语弟子问"即指〈论语〉》一书中的主张。在该书出版之前,划线部分的"论言"与前面的"容貌"一起,是归入同一句中的。

由于上述内容比较费解,为此特列出"论言"前后的原文:"钧之未睹厥容貌则论言弟子籍出孔氏古文近是"。断句时,在"论言"后面加上句号,读作"钧之未睹厥容貌则论言。弟子籍出孔氏古文近是"。这是因为后文"余以弟子名姓文字悉取论语弟子问"中的"论语弟子问"被解读成"《论语》的弟子问"。换言之,如果写明是《论语》,便预判了它就是一个书名。

当然,《论语》中并没有所谓的弟子问篇,甚至也没有"弟

---

[1] 弥和顺.『史记』所见「論語」小考[J].中国哲学(24),1995:45-63.

子问"一词。因此,将"论语弟子问"解读成"论语和弟子问"才是正确的。那么,"钧之未睹厥容貌则论言弟子籍出孔氏古文,近是"中的"论言弟子籍"也应解读成"论言和弟子籍",本句中的句号应放在"容貌"之后。

金德建将"论语弟子问"解读为"《论语》的弟子问",并认为"论言弟子籍"和"论语弟子问"指的是同一本书即《论语》。弥和顺对上述观点进行了批判,认为司马迁根据被称为"论言""论语"的《论语》,以及被称为"弟子籍""弟子问"的门派记录,撰写了《仲尼弟子列传》。他还指出上述"论语"还不是一个固有名词,而是作为普通名词使用的,意思是"所论述的话"。这一观点令人信服。

如上所述,在《史记》作者司马迁生活的西汉汉武帝时期,《论语》这一书名尚未确立。除了西汉末元帝时期褚少孙(生卒年月不详)补充的内容之外,《史记》中唯一使用"论语"一词的地方就是"余以弟子名姓文字悉取论语弟子问"。如下文所述,司马迁《史记》中固然引用了许多《论语》的章节,然而,司马迁从未明确指出引用的是《论语》。《论语》的各章是以"传曰"的形式被引用的。换言之,在《仲尼弟子列传》的赞中,孔子一派的言行录一直被称为"论言""论语",将这些记录冠以《论语》书名恐怕还是更晚一些的事情。

关于《论语》名称的由来,东汉汉章帝时期的班固(32年至92年)所著《汉书·艺文志》中有如下记载:《论语》是孔子对弟子或其他人的回答,或是弟子间相互谈论的事情,或是他们从孔子那里听到的"话语"。当时弟子们各自都有"记录"(笔记、素材),等到孔子去世后,弟子们将这些记录收集后"论纂"(纂,撰次。论述并整理)成书,所以称为《论语》。

班固这段话详细解释了《论语》这一书名的由来,明确表示《论语》是书名。但即便如此,在《汉书·宣帝纪》《汉书·元帝纪》等留下的诏令(皇帝的诏书)中,引用《论语》中所见的孔子言论时,仍将其记载为"传曰"。这是因为史官不得篡改诏令等御书的缘故。

此外,关于《论语》的传承,《汉书·艺文志》记载如下:汉朝兴起时,(关于《论语》)有齐、鲁之"说"(解释)。《齐论》的传人有昌邑中尉王吉、少府宋畸、御史大夫贡禹、尚书令五鹿充宗、胶东庸生,但只有王阳(王吉,字子阳)是"名家"(有名字的一家之学)。《鲁论》(的传人)有常山都尉龚奋、长信少府夏侯胜、丞相韦贤、鲁人扶卿、前将军萧望之、安昌侯张禹,他们都是"名家"。(其中)张氏(的学说)流行于世的时间最晚。

上述文章指出,《论语》有两个版本,即《齐论》和《鲁论》分别流传了下来。在《汉书·艺文志》的目录部分,也提到了用古文(古字)书写的《古论》。即,西汉后半期存在三种《论语》:《齐论》《鲁论》和《古论》。而在各种版本的传承过程中,张禹的《论语》影响最大。这是为何呢?

《论语》的原型

《论语》的原型是汉代安昌侯张禹（？年至公元前5年）编撰的《论语》（以下简称《张侯论》）。《汉书·张禹传》对《张侯论》的成书过程描述如下：张禹成年后，便到长安去求学，跟从沛郡的施雠学习《易经》，又向琅琊郡的王阳、胶东郡的庸生请教《论语》。全部都学有所成后，便收徒讲学，后被举荐为郡文学（的官职）。甘露年间（公元前53年至公元前50年），众儒向朝廷举荐张禹，因此汉宣帝下诏给太子太傅萧望之，让他考察张禹。张禹用《易经》和《论语》的经典大义予以对答，萧望之对他非常赏识。……初元年间（公元前48年至公元前44年，汉元帝）册立皇太子（即后来的成帝），……下诏令张禹教太子学习《论语》。……张禹为帝师时，因为成帝经常请教经义，为此他撰写了《论语》的章句（解释），献给成帝。……张禹先师从王阳，后又转投庸生门下，选取（其文义的）合理解说，最后才写出（自己的《论语》），受到推崇。众儒生为此造了一句谚语："欲为《论》，念张文。"此后学者多学习张氏之文，其余各家学说都逐渐衰落了。

按照《汉书·艺文志》的分类，《张侯论》原本属于《鲁论》。张禹还向《齐论》传人王阳和庸生学习《论语》，并将《齐论》与《鲁论》进行了对校（比较后取其优）。并且，众儒生既然说念"张文"，而不是说念张禹"章句"（解释），那么意味着张禹不仅改动了《论语》的"章句"，还改动了《论语》的"文"（文本）本身。他修改《论语》文本可能是为了使其更容易理解，因为他是给少年成帝（公元前33年至公元前7年在位）讲授《论语》。

汉代经学家代表人物郑玄在《张侯论》的基础上撰写了《论语注》。随着《论语注》的问世，《论语》的现有形式得以确立。然而，因为朱子《论语集注》[1]普及的缘故，《论语注》在宋代失传了。朱子《论语集注》在日本也广为流传。

接下来将从这些《论语》注释书中，选出一些代表性著作进行概述。

古注和新注

《论语》的注释大致可分为两大系统。如上所述，这两个系统指的是朱熹之后的"新注"和朱熹之前的"古注"。古注以训诂学为基础，侧重于对经文的解释。训诂的核心是解释词语的含义，如前述的"因，亲也"。

---

1 〔南宋〕朱熹《论语集注》，所谓"新注"，即朱子学的立场进行解读。南宋朱熹（1130年至1200年）所著《四书集注》中的一部分。"理"和"气"贯穿了宇宙观、人生观和道德观。该书结合圣人孔子的人格，认为《论语》是一部严格的伦理要求之书，阐明了人们现实中的实践目标。四书取代五经后，《论语》作为四书之首，拥有了绝对的权威。其中，清代吴志忠的校刊本较好，《新编诸子集成（第一辑）：四书章句集注》（中华书局，1983）使用该书为底本点校而成。《朱子全书》《四书章句集注》（上海古籍、安徽教育出版社，2002）则以现存最古老的宋当涂郡斋刻本为底本校对而成。

古注中最具思想性的当属郑玄的《论语注》。该书因为在解读《论语》时融入了"郑玄学"，因此不易理解，最初为幼帝编撰的何晏《论语集解》就成了古注的代表性著作。

梁代皇侃所著的《论语义疏》对何晏的《论语集解》进一步做了注释。该书在中国失传，却幸存于日本，后于清朝时传回中国。皇侃《论语义疏》之所以失传，有两个原因。其一是因为北宋邢昺（932年至1010年）的《论语注疏》[1]（又名《论语正义》）被列入"十三经注疏"，成为古注的代表著作。其二也是因为朱子《论语集注》的传阅度极广。值得注意的是，清代推崇"汉学"（汉代的学问），传承汉魏注释的古注受到重视。清代刘宝楠（1791年至1855年）的《论语正义》[2]分别汲取了朱子《论语集注》和古注的精华，潘维城的《论语古注集笺》（1881年）则是古注的集大成之作。

与古注不同，新注是一种从理论上探究儒教精神的注释。朱子的《论语集注》是"新注"的代表。在朱子学成为官学的明代，胡广等人奉永乐皇帝之命编撰了《论语集注大全》（1415年）。

1　〔北宋〕邢昺《论语注疏》，十三经注疏之一，古注集大成之作。邢昺（932年至1010年）奉北宋宋真宗之命编纂，同时编纂的还有《孝经》《尔雅》的疏。除皇侃《论语义疏》外，还对《五经正义》和隋代刘炫《论语述议》的注释进行了筛选。该书收录于南宋末刊行的《十三经注疏》、清代阮元校订的版本，以及李学勤（主编）的标点本《十三经注疏》。

2　〔清〕刘宝楠《论语正义》，新注与古注的融合。刘宝楠（1791年至1855年）撰写的《论语》注释书，在何晏《论语集解》的基础上，增加了不同学者的研究。但它并没有一谓地否定朱熹的《论语集注》。该书诠释详尽、条理清晰，是近代最推崇的《论语》注本。

在清代,简朝亮(1851年至1933年)撰写了《论语集注补正述疏》。

事实上,朱子的《论语集注》也非常重视训诂,如上文提到的"因,犹依也"。然而,《论语集注》并未止步于训诂,它明显具有表达朱子个人思想的一面。日本学者们也继承了朱子的上述态度,在江户时代,伊藤仁斋撰写了《论语古义》[1],荻生徂徕撰写了《论语征》[2]。

伊藤仁斋曾经是一位朱子学派的学者,但他最终采取了反朱子学的立场。《论语古义》对《论语》推崇备至,称其为"最上至极宇宙第一书"。该书以仁斋的系统思想为基础,由始至终都表现出反朱子学的态度。稍晚的荻生徂徕既反朱子学,又反仁斋学。在《论语征》中,可以看到他对朱子以及仁斋观点的连续抨击。

据土田健次郎《论语集注》(平凡社,2013—2015)的研究,朱子通过"理"和"气"贯通宇宙论、人生论和道德论,认为孔子是宇宙大道的完美化身。与此相反,伊藤仁斋摒弃了

---

1 〔日本江户〕伊藤仁斋《论语古义》,尊论语为"最上至极宇宙第一书"。伊藤仁斋(1627年至1705年)撰写的《论语》注释书,尊《论语》为"最上至极宇宙第一书",认为《孟子》是《论语》的补充。通过这两本书,仁斋创立了古义学。该书反对朱子学,专注于日常道德,并阐明了这种态度的意义,认为孔子就是这种态度之化身。

2 〔日本江户〕荻生徂徕《论语征》,独具特色的解说。荻生徂徕(1666年至1728年)撰写的《论语》注释书,书名取自"征古言",按照徂徕的古文辞学的方法进行了独特的诠释。该书反对朱熹和伊藤仁斋,认为先王开创的治国之道才是儒教之道。虽然有些解释过于古怪,但在众多注释书中仍是较为出色的版本,在中国也被引用。

宇宙大道，将所有注意力集中在个人的日常道德上，阐释了秉持这种态度的意义，并认为孔子是这些行为的实践者。荻生徂徕则认为，儒教之道既不是朱子讲的宇宙大道，也不是仁斋讲的日常道德，而是先王创造的统治整个天下的治国之道；孔子与先王不同，虽然并未参与治国之道的创立，却将其传于后世，这一点非常伟大。

为了同时研究上述三位学者的思想，有一些著作收集了三人的注释，附在正文之后。松平赖宽（1703年至1763年）的《论语征集览》[1]便是其中之一。正如书名所示，为了表示对《论语征》的尊重，在三种注释中，他只给徂徕的观点加了标点符号，并附有注明出处的眉批，易于阅读。

本书将从这些《论语》的不同解释出发，探讨古注的发展情况。因此，本书文末摘译的文本及其解释均以何晏《论语集解》为准。不过，在探讨古注的发展情况之前，让我们先来看看武内义雄和津田左右吉的观点，他们对《论语》的形成过程提出了突破性理论。

---

[1] 〔日本江户〕松平赖宽《论语征集览》，旨在解读《论语征》。松平赖宽（1703年至1763年）编撰的《论语》注释书，每篇文章后附有何晏《论语集解》、朱子《论语集注》、伊藤仁斋《论语古义》的注释，并举出荻生徂徕《论语征》，标明徂徕探讨各家注释的内容。

三、武内义雄的假说

关注重复的章节

武内义雄（1886年至1966年），日本京都帝国大学（京都大学前身）期间师从狩野直喜，曾在怀德堂（1726年由中井甃庵开设，大阪大学的起源之一）担任讲师，后又在日本东北帝国大学（东北大学前身）开设汉学（中国哲学）第一讲堂。他在王引之等清代考据学影响下形成的训诂学、校勘学的基础上，融入富永仲基的"加上"理论，对《论语》和《老子》的形成进行了研究。

武内义雄的《论语》研究与江户汉学研究一脉相承。伊藤仁斋将《论语》二十篇分为前十篇"上论"以及后十篇"下论"，指出前者形成较早，后者是作为前者的补充而续编的。武内虽然认可上述观点，但却以《论语》中的重复章节为线索，提出了关于《论语》形成过程的假说。

重复章节，指的是在约五百章的《论语》里，相同句子重

复出现的章节。武内研究了其中的七个,包括以下著名章节:

【原文】

子曰:"巧言令色,鲜矣仁。"

【译文】

孔子说:"花言巧语,容色伪善,这样的人仁德很少啊。"

上述章节在《学而篇》第三章和《阳货篇》第十七章中重复出现。然而,在传入日本的《论语集解》(正和本)和《论语义疏》中,《阳货篇》里却没有这一章。也许是因为知道重复而未收录。下面一个章节也很出名:

【原文】

哀公问:"弟子孰为好学?"孔子对曰:"有颜回者好学,不迁怒,不贰过。不幸短命死矣。今也则亡,未闻好学者也。"

【译文】

(鲁)哀公问(孔子):"(你的)弟子中,哪个好学?"孔子回答说:"有一个叫颜回的人好学,不把怒气(从理性中)发泄出来,也不犯同样的错误。(但)不幸的是,他年纪轻轻就死了。(所以)现在再没有这样的人了,我没听说过(有人)喜欢学习。"

上述章节出现在《雍也篇》第三章,在《先进篇》第六章中则记载如下:

【原文】

季康子问："弟子孰为好学？"孔子对曰："有颜回者好学，不迁怒，不贰过。不幸短命死矣，今也则亡，未闻好学者也。"(《论语义疏》和《论语注疏》不见"不迁怒、不贰过")

【译文】

季康子问（孔子）："（你的）弟子中，哪个好学？"孔子回答说："有一个叫颜回的人好学，不把怒气（从理性中）发泄出来，也不犯同样的错误。（但）不幸的是，他年纪轻轻就死了。（所以）现在再没有这样的人了，我没听说过（有人）喜欢学习。"

两者比较，问孔子的人从哀公变成了季康子。津田左右吉认为，编撰时间越晚，与孔子对话之人的地位就越高。哀公是鲁国国君，而季康子是权臣。按照津田提出的假设，《雍也篇》的形成时间应该晚于《先进篇》。

哀公和季康子问了孔子同样的问题，孔子给出了同样的回答，并被记录下来，这种可能性并非不存在。或者，也有可能是弟子弄错了提问者。然而，武内却认为，这些重复章节的存在是因为《论语》有多个编撰小组，在将各组人编撰的原始《论语》整合成现在的《论语》时，未能将重复的地方完全删除。当然，《论语》中存在重复章节的情况自古为人所知。西汉董仲舒编撰的《春秋繁露·祭义篇》中记载："孔子曰：'书之重，辞之复，呜呼！不可不察也。其中必有美者焉。'"即，孔子解释说，书中出现重复，就说明这些地方很重要。武内为了否定上述以重复为美的观点，采用了古代流传下来的说法。

王充的《论衡》

东汉初期王充（27年至约97年）所著《论衡》中说：（西汉）武帝时，从孔子旧宅的墙壁中取出古文，得二十一篇、齐鲁二、河间七篇，共三十篇①。直至昭帝时才得以②读二十一篇。宣帝将其赐给太常博士，但由于说该书晦涩难懂，因此称之为"传"，后用隶书誊写以便传授和诵读。当初，孔子后人孔安国传授给鲁人扶卿，扶卿官至荆州刺史，才开始称该书为《论语》。现在称为《论语》的共二十篇，但又丢失了齐、鲁、河间的九篇③。本来有三十篇，但散失后剩下了二十一篇。篇目有多有少，文章亦有错误。

我是按照武内的观点翻译的，但事实上并不能这么解读，这是因为武内改过文字。本来宋代（960年至1279年）以前的中国古典就是以抄本（写本）的形式手写流传下来的，因此无法避免一些所谓"鲁鱼之误"的书写错误，所以校勘学才成为汉学的根本，它会考虑书籍体系后确定善本，通过与其他书籍比较来校订文字。

王充的《论衡》在东汉时期流传不广，善本也不多，因此有一些地方无法按字面解读。此处，武内也认为，如果不把上文①处原文"得二十一篇齐鲁二河间九篇共三十篇"中的"九"

改为"七",就无法与③"齐鲁河间九篇"前后呼应。这是为了保留①"齐鲁二"中的"二"。当然,作为一种校勘方法,也可以将"二"视为余字(原本没有的多余的字),将①改为"齐鲁河间九篇"。甚至可以在"篇"字处断句,读作"得二十一篇、齐鲁河间九篇,(共计)三十篇",这种解读更符合后半句的意思。这段文字还有许多其他地方也无法理解。例如,②处的原文是"至昭帝女",如果遵循原文,译文就要变成"最终昭帝之女(读二十一篇)"了,为此,武内才把"女"改成了"始",解读为"直至昭帝时才得以读二十一篇"。

如上所述,武内之所以关注到《论衡》中无法读懂的部分,其中一个原因可能与王充的阅读环境有关。王充的老师是《汉书》作者班固的父亲班彪(3年至54年)。在班彪家中,有一些皇帝赐予其伯父班游的秘书(宫中秘藏书籍)副本(即抄本。因为是所有秘书的抄本,所以数量巨大)。换言之,王充应该是在班彪家里亲眼看过各种版本的《论语》后,才写了这篇文章的。

还有一点,武内对齐鲁"二"十分感兴趣。如前所述,在西汉后期,存在三种《论语》,即《齐论》《鲁论》和《古论》。《古论》即王充《论衡》中提到的二十一篇,而《齐论》为二十二篇,《鲁论》为二十篇。王充之所以说"现在称为《论语》的共二十篇",是因为当时以《鲁论》为基础撰写的张禹《张侯论》已成了《论语》的标准版本。那么,散失的齐鲁"二",河间"七"又是什么呢?我想武内可能经历了这一系列的思考。

四阶段形成说

武内义雄《论语之研究》（岩波书店，1939）在论述《论语》形成过程时提出了如下假说：现存《论语》的二十篇文章是按照"河间七篇本""齐论语七篇""齐鲁二篇本"，以及后来的《子罕篇》和《季氏篇》《阳货篇》《微子篇》三篇的顺序确立的。

第一部分的"河间七篇本"，以鲁人曾子为中心，由《为政篇第二》《八佾篇第三》《里仁篇第四》《公冶长篇第五》《雍也篇第六》《述而篇第七》《泰伯篇第八》七篇构成。这七篇的许多章节与《曾子》十篇（收录于《大戴礼记》）、《子思子》四篇（《礼记》中的《中庸》《表记》《坊记》《缁衣》四篇）、《孟子》七篇的内容相似，是曾子、孟子学派所传的孔子语录，可能是《论语》最古老的版本。

第二部分的"齐论语七篇"，以子贡为中心，由《先进篇第十一》《颜渊篇第十二》《子路篇第十三》《宪问篇第十四》《卫灵公篇第十五》《子张篇第十九》《尧曰篇第二十》七篇构成。这七篇是齐国人流传下来的孔子语录，被认为是子游、子夏一派所传，因为其中包含了未将曾子列入"孔门十哲"、评价其"鲁钝"的章节。

第三部分的"齐鲁二篇本"，是孔子的言行录，由《学而篇第一》（言论集）和《乡党篇第十》（行为集）两篇构成。这两篇由齐鲁儒学，即子贡派和曾子派融合后的学派所编，编撰于孟子游齐、齐鲁学派齐聚一堂之时。

第四部分的《子罕篇第九》，是后世学者从各种材料中搜集并补充到"河间七篇本"里的孔子言论。它由撰写时期相对较晚的章节组成，例如谈论利益等章节。《季氏篇》《阳货篇》《微子篇》三篇（第十六至第十八）是后世学者补充到"齐论语七篇"中的内容，其中最新部分的形成时期可追溯到战国末期。

武内将《论语》的各个部分分为上述四类，并解释了上述各部分是如何演变成目前的形式的。

具体而言，"齐鲁二篇本"和"河间七篇本"，以及后加的《子罕篇》组成了《古论》的"上论"（《汉书·艺文志》："《论语》古二十一篇。出孔子壁中，两《子张》。"此《论语》即《古论》）。将上述部分的结尾修改并将《乡党篇》放在最后，由此形成了《鲁论》的"上论"（《汉书·艺文志》载有《鲁论》："《鲁》二十篇，《传》十九篇。"，载有《齐论》："《齐》二十二篇，多《问王》《知道》。"）。

武内认为，在上述"上论"的基础上又增加了"下论"。"下论"包括上述"齐论语七篇"及其增补的《季氏篇》《阳货篇》《微子篇》三篇，共十篇，最后与"上论"一起形成了现在的《论语》二十篇。

如果《论语》是按照武内假说的逻辑形成的，那么就能解释为何存在重复章节了。换言之，将重复章节分别归入武内划分的四个部分，四个部分内部就不会出现重复的现象。此外，武内假说还能解释如下问题：为何曾子是典型的孝子，却被批评为"鲁钝"，甚至未被列入"孔门十哲"？在有些章节中，子贡为何显得比孔子更受推崇？虽然在武内假说之前，其他学者也都提到过各篇的特点，但武内却按编撰阶段对各篇进行了梳理，这种方法堪称高明。

然而，并非所有人都认为《论语》的形成过程就此真相大白了，但这才是古典研究的真正魅力所在。

津田左右吉则提出了一种与武内假说相反的观点，下面展开介绍。

四、津田左右吉的假说

从诸子百家的结构看疑点

津田左右吉（1873年至1961年）是我所在的早稻田大学东洋哲学专业的创始人。他也因从史料批判角度研究《日本书纪》和《古事记》而闻名。津田研究中国思想的特点是，通过基于文献学的彻底的史料批判，对汉代以前的中国古代思想进行解构和重组。这与清代考据学式的、仅关注字面意思

图3 津田左右吉　日本早稻田大学收藏

的资料考证有着本质区别。

津田左右吉的《论语与孔子思想》（岩波书店，1946年）否定了"诸子九流"的框架。该框架由西汉末年的刘向和刘歆通过《七略》提出，并在班固的《汉书·艺文志》中得以确立。津田认为，刘向、刘歆本身并未有意识地主张区分儒、墨、道等诸子百家，换言之，诸子百家只不过是他们在整理宫中书籍时所进行的分类而已。事实上，各学派的著作错综复杂，相互交织，记录孔子言论的书籍并不局限于儒家学派，还延伸到了墨家、法家和道家学派中。

进而，津田运用自身的"主观的近代合理主义"，分析并比较了混杂在已被封为圣典的各种儒家经典以及各学派书籍中的、导致其时期和体系出现不同的若干思想因素，从而推算出这些文献各自的成书年代。

《论语》成书于汉代

津田认为要评价他人的观点，必须自己进行同样的研究，为此从不主动与他人争论。从早稻田大学图书馆"津田文库"中保留的藏书批注中可以看出，他曾经仔细研读过他人的研究成果。其中，武内义雄的著作中保留了津田的许多批注，可知津田一直在关注武内的研究。

武内义雄始终重视《论语》每一篇的连贯性，并试图以此为标准来考察其原型。而津田认为，研究各篇连贯性的方法行不通。津田将《论语》分解成章而不是篇，然后他逐一对照了收录在《论语》中的孔子言论与《孟子》《荀子》等书中的孔子言论，进行比较研究。

结果发现，《论语》并非孔子言语的逐字记录，而主要由搜集自后世文献并重组后的材料组成。因此，他认为《论语》中所见的孔子言论，大部分并非出自孔子本人。可以说，这种观点与荻生徂徕的十分接近，徂徕曾经在《论语征》中指出，《论语》中收录的孔子言论，未必就是孔子说的话。

津田以《孟子》《荀子》等先秦著作中所见的思想以及言论为标准，从思想上对每一章进行定位。

例如，在《论语·宪问篇》中，孔子有如下一段话：

【原文】
　　子曰："古之学者为己，今之学者为人。"
【译文】
　　孔子说："以前的学者做学问是为了自己，现在的学者做学问是为了给别人看。"

这句话也见于《荀子·劝学篇》，但值得注意的是《荀子》并未把这句话归于孔子。然后，津田对《荀子》从《论语》引用孔子言论的可能性进行研究，证实《荀子》引用孔子言论时写的是"孔子曰"。由此他认为《宪问篇》中那些未标注"孔子曰"的内容，从前后关系来看应该是荀子的言论。换言之，《荀子》中收录的荀子之言在《论语》中被改成了孔子之言。

如果津田的观点是正确的，那么这部分《论语》的成书时间应晚于荀子活跃的年代，即战国末期。事实上，津田一直认为《论语》最终成书是在汉代。

中国古典研究的方法论

为了证明这一假说，津田将孔子言论按照是否与《论语》相关的标准分为两类。然后对孔子言论随着时间的推移而不断增加的情况进行考证，论证现在的《论语》并非都是孔子的思想。此外，他还从西汉时期的《论语》传承开始追溯，论证孔子言论在战国时期就已经流传开来，但当时还未以《论语》的形式加以汇总。

通过这种方式，津田确定《论语》中的孔子言论并非都体现了孔子的思想，同时预言孔子言论在编成《论语》之前，已经被整理成了具有一定连贯性的言行录。

这里之所以称其为"预言"，是因为近年来有新证据显示，早在编成《论语》之前，就已经存在孔子的言行录了。上海博物馆于1994年从香港古董市场购得的战国《楚简》就属于这种新证据，其中收录了一些与《论语》词句相关的儒家文献。汤浅邦弘的《竹简学——中国古代思想的探究》（大阪大学出版社，2014）对这些文献进行研究后指出，编者并没有在某一时期收集孔子言论后立即撰写成书，弟子们留存的孔子言论先是被记录在多部文献中，以措辞略有不同的形式流传下来之后，才最终编撰出《论语》。这可以说跟津田的预言一模一样。

津田研究中国古典的方法论的最大特点是，除了传世典籍之外，还充分考虑到各种语言和思想多重存在的情况。

津田表示，应该对照儒家思想的历史变迁来思考《论语》的编撰过程，而不是按篇来考虑，因此，需要逐一确定收录儒家思想的各类书籍的成书年代。但是有明确成书时间的书籍很少，因此反而需要通过了解儒家思想整体的历史变迁来确定其成书年代。

根据其他书籍中的相关部分来推断原书的内容，这是一种危险的做法。换言之，想要依靠后世学者的著述，如承袭刘歆《七略》的《汉书·艺文志》或郑玄的论著等，将其与已知异本比对，从而确定原文，这种方法很难。虽然不是直接反驳，但津田显然是在批判武内基于《论衡》所创立的《论语》四阶段形成说。

在选择异本的文本时，必须从文本本身，即从其内部寻找依据，明确是否表达了某种思想。换言之，最重要的是内容是否有意义。津田指出首先要对内容进行解读，认为符合该解读的文本才是正确的。这是一种内部考证式的史料批判的观点[1]，是受过历史学训练的津田的典型风格。

津田研究中国古典的第二种方法论，就是不以刘歆创立的"诸子九家"框架为前提，考虑诸子学派相互影响的同时，根

---

[1] 对史料的批判一般分为外部考证和内部考证。外部考证通常是分析外部因素的方法，以确定来源是否真实，以及何时、何地、何人所写。内部考证主要指史料内容本身是否可靠的方法。——译者注

据书中所载的思想内容来探究文献的形成过程。

基于这两种方法论,津田考察了《论语》的形成过程。在《论语》的章节中,有一些被认为是在孟子之后添加的,有一些则被认为在孟子之前便已形成。他从这一点出发,不断地探索《论语》形成过程的真相。

《孟子》与《论语》

根据宇野精一《孟子》(集英社,1973,后由讲谈社学术文库再版)的研究,《孟子》引用了29条孔子言论,其中只有8条与《论语》中的相一致;有2条虽然未写"孔子曰",但却出现在《论语》中;还有2条虽然文字不同,但意思完全相同;其他17条则与《论语》毫无关系。宇野认为这证明孟子并未读过《论语》。这一观点从根本上动摇了武内学说。

接下来本书将详细探讨《孟子》与孔子言论的关系。

津田认为《孟子》和《论语》中的孔子言论有三种类型:第一,《孟子》取自《论语》的部分;第二,《论语》取自《孟子》的部分;第三,《论语》和《孟子》均取自其他书籍的部分。

首先,列出津田认为《孟子》取自《论语》部分的例子:

【原文】

孔子曰:'里仁为美,择不处仁,焉得智?'①夫仁,天之尊爵也,人之安宅也。莫之御而不仁,是不智也。不仁、

不智，无礼、无义②，人役也。(《孟子·公孙丑章句上》)

【译文】

孔子说：'与仁共处是好的。(自行)选择，却不与仁共处，怎么能说是聪明呢？'仁本是上天尊贵的爵位，是人安逸的住宅。没有人来阻挡你，你却不仁，这是愚蠢。不仁、不智，无礼、无义的人，是被人奴役的人。

《孟子》引用的①孔子言论与《论语》中的大致相同，具体如下：

【原文】

子曰："里仁为美。择不处仁，焉得知？"

【译文】

孔子说："住的地方要有仁德之人为好。(自行)选择，却不住在有仁德之人的地方，怎么能说是聪明呢？"

但津田是依据东汉赵岐的注释解读《孟子》的，对《论语·里仁篇》解读的依据却是何晏的注释。因此，两者对"里"的解释有所不同，分别为"共处"和"住的地方"。

《孟子》引用《论语》，并指出若无"仁""智""礼"以及②"义"，就会被人奴役。换言之，在这里，《孟子》在孔子"仁"的基础上，还提出了要重视"义"。显然，《孟子》的思想相对孔子有新的发展。这样的例子还有很多。

其次，列出津田认为《论语》取自《孟子》部分的例子：

【原文】

尧以不得舜为己忧，舜以不得禹、皋陶为己忧。……孔子曰："大哉尧之为君！惟天为大，惟尧则之，荡荡乎民无能名焉！①君哉舜也！巍巍乎有天下而不与焉！②"尧舜之治天下，岂无所用其心哉？亦不用于耕耳。(《孟子·滕文公章句上》)

【译文】

尧把得不到舜作为自己的忧虑，舜把得不到禹和皋陶作为自己的忧虑。……孔子说："尧这样做天子真是了不起啊！只有天最伟大，只有尧效法了天道，（尧施行的圣德）广博无边，老百姓简直不知道该怎样说才好！舜真是个天子啊！他崇高，统治天下，尽管如此，却未曾（主动）求（天下）而得之！尧、舜的治理天下，难道不用心思吗？只是不用在庄稼上罢了。"[1]

"尧舜"是中国传说中的圣王，《孟子》在论述他们理想中的政治时提到"孔子曰"，列举了孔子对①尧和②舜的评价。《论语·泰伯篇》中有两章也收录了上述孔子言论，对尧、舜和禹的评价如下：

【原文】

子曰："大哉尧之为君也！巍巍乎！唯天为大，唯尧

---

[1] 最后一句译文为译者补充，以对应原文。——译者注

则之。荡荡乎，民无能名焉。<u>巍巍乎，其有成功也！焕乎其有文章</u>！"

【译文】

孔子说："尧这样做天子真是了不起啊！（他的圣德）崇高，只有天最伟大，只有尧效法了天道。（尧施行的圣德）广博无边，老百姓简直不知道该怎样说才好！（他的统治）崇高，功绩卓然！出色地制定了文化和制度！"

在评价尧时，《论语》增加了《孟子》中用来形容舜的表达"巍巍乎"，但这不过是细微的差别而已。更为重要的是，它在句末加上了"巍巍乎，其有成功也！焕乎其有文章"一句，概括了尧立功、立文、立制的内容。这是对尧的政绩的具体描述，与《孟子》中的①孔子言论相比，增加了新的思想内容。

可见，《论语》中这里的孔子言论晚于《孟子》。这一点从《论语·泰伯篇》中类似一章也可以清楚地看出：

【原文】

子曰："巍巍乎！舜、禹之有天下也，而不与焉！"

【译文】

孔子说："舜和禹对天下的统治真是崇高啊！尽管如此，却未曾（主动）求（天下）而得之！"

对舜的评价，《孟子》中指出只有②舜在执政时把政治交给臣子，而他自己不干涉。而《论语》中则增加了禹，指出君

第一章 《论语》创作于何时 041

主舜、禹都如此。

津田左右吉的《儒教形成史的一个侧面》(《史学杂志》，36-6，1925)认为，以汤武革命（殷汤王和周武王取代前朝的革命）为中心的故事在战国初期或接近战国时就已确立，尧舜禅让的故事（尧把帝位让给臣子舜，而非自己的儿子）出现的时间更晚，禹的故事思想也有别于尧舜。

因此，上述《论语》章节在舜的政治内容里增加了禹，说明它在思想上比《孟子·滕文公章句上》更加晚些，可以认为是根据《孟子》中的孔子言论撰写而成的。《论语》借鉴《孟子》中孔子言论的例子还可列举如下：《论语·子罕篇》第六章（借鉴《孟子·公孙丑章句上》)、《论语·宪问篇》第三章（借鉴《孟子·滕文公章句上》)、《论语·泰伯篇》第十九章（借鉴《孟子·滕文公章句上》）。

最后，关于《论语》和《孟子》中的孔子言论均引自其他书籍的例子，据说许多情况连津田也未能掌握。这是因为在津田写书的时代，还没有发现出土文献。因此，我们要脱离津田《论语与孔子思想》相关内容，不再去引证《论语》和《孟子》均引自何种第三者书籍的例子，转而探究那些收录在《孟子》里却与《论语》无关的"孔子曰"，以及这些"孔子曰"与第三者书籍的关系。

"孔子言论"之湖

《孟子》中收录了一些特殊的孔子言论,它们以"孔子曰"开头却与《论语》无关。例如,将孔子与撰写《春秋》相关联的言论、孔子为《孟子》观点的正统性提供保障的言论等。

关于孔子撰写《春秋》,《孟子》中描述如下:

【原文】

世衰道微,邪说暴行有作,臣弑其君者有之,子弑其父者有之。孔子惧,作《春秋》。《春秋》,天子之事也;是故孔子曰:"知我者,其惟《春秋》乎!罪我者,其惟《春秋》乎!"(《孟子·滕文公章句下》)

【译文】

世风日下,圣人之道逐渐衰微,歪理和暴行又随之兴起,有臣子杀死君王的,有儿子杀死父亲的。孔子(对社会的未来)感到忧虑,就写了《春秋》。(撰写)《春秋》理应是天子做的事情。因而孔子说:"理解我的人,就是因为我写了这部《春秋》!责难我的人,也就是因为我写了这部《春秋》吧!"

《论语》中并未提到孔子编撰《春秋》一事,甚至未曾出现"春秋"一词。可以认为这里的"孔子曰",是孟子自创的孔子之言。因为将《春秋》与孔子紧密联系在一起的说法正始于《孟子》。在《孟子》中,孟子对《春秋》与孔子的关系描述如下：

【原文】

孟子曰："王者之迹熄而《诗》亡，《诗》亡然后《春秋》作。晋之《乘》，楚之《梼杌》，鲁之《春秋》，一也：其事则齐桓、晋文，其文则史。孔子曰：'其义则丘窃取之矣。'"（《孟子·离娄章句下》）

【译文】

孟子说："圣王采诗的事情废止了，《诗经》也就消亡了。《诗经》消亡之后，孔子便创作了《春秋》。晋国的（被称为）《乘》（的编年史），楚国的（被称为）《梼杌》（的编年史），与鲁国的《春秋》是一样的（编年史）：所记录的内容是齐桓公、晋文公的事迹，所写的文章用的是史官的笔法。孔子说：'我偷偷地（从《春秋》的记载中）汲取了春秋大义。'"

《孟子》认为，鲁国的《春秋》，本来和晋国的《乘》、楚国的《梼杌》一样不过是编年体史书，孔子在其中加上"义"之后，《春秋》才成了经书。因此，此处的"孔子曰"，也可以说是《孟子》的一种创作。顺便提一下，儒教经典之所以被称为"经书"，是因为经书的"经"，意为纵线，即做人之道。

孟子也承认许多人编造孔子的话是在为自己的学说树立权威。《孟子》中有如下一段：

【原文】

咸丘蒙问曰:"语①云,'盛德之士,君不得而臣,父不得而子。'舜南面而立,尧率诸侯北面而朝之。瞽瞍亦北面而朝之。舜见瞽瞍,其容有蹙。孔子曰:'于斯时也,天下殆哉,岌岌乎!'不识此语诚然乎哉?"孟子曰:"否,此非君子之言,齐东野人之语也。②……"(《孟子·万章章句上》)

【译文】

咸丘蒙问道:"俗话说:'道德极其高尚的人,君主也不能够以他为臣,父亲也不能够以他为子。'舜(做了天子)面向南站立,尧就率诸侯(作为臣子)面向北朝见他。(舜的父亲)瞽瞍也是(作为臣子)面向北朝见他。舜看见瞽瞍,容貌局促不安。孔子说:'在这个时候,天下(君臣、父子的秩序即将混乱)就危险了,岌岌可危了!'我不明白(孔子的)话是真的吗?"孟子说:"不,这不是君子(孔子)的言语,而是齐东野人的话。……"

咸丘蒙引用的包括"孔子曰"在内的①"语",有一部分也出现在《墨子·非儒篇》和《韩非子·忠孝篇》中,其中字词不同之处用下划线表示。

《墨子·非儒篇》中:

【原文】

孔某与其门弟子闲坐,曰:"夫舜见瞽叟孰然,此时

第一章 《论语》创作于何时　045

天下坆乎!"

【译文】

　　孔某和他的弟子坐谈,说:"舜看见(父亲)瞽叟(为臣子)就局促不安,此时天下危险啊!"

　　《墨子·非儒篇》的上篇已失传。这一段文字后面紧接着引述了建立周朝封建制度的周公旦的事例,故事衔接得并不好。即便如此,仍可以看出这段话与《孟子》的①"语"有关。

　　相比之下,《韩非子·忠孝篇》引用"孔子曰"的意图很明显:

【原文】

　　记曰:"舜见瞽瞍,其容造焉。孔子曰:'当是时也,危哉,天下岌岌!有道者,父固不得而子,君固不得而臣也。'"臣曰:"孔子本未知孝悌忠顺之道也。……"

【译文】

　　典籍上记载:"舜见到瞽瞍时,他的表情惊恐不安。孔子说:'在这个时候,危险了,天下岌岌可危!道德高尚的人,父亲的确不能把他当儿子看待,君主也的确不能把他当臣子看待。'"我说:"孔子根本就不懂得孝悌忠顺的道理。……"

　　撰写韩非子《忠孝篇》的目的在于思考法家应如何定位忠孝。在这里,"记"中提到的"孔子曰",显然是为了给"臣曰"之后得出的"孔子本未知孝悌忠顺之道"的结论作靶子。

由此可知，即使观点如此对立，被编成诸如①"语"或"记"的所谓"孔子曰"也会从不同的源头流入，汇入湖泊一般，为诸子百家各个学派所共享。

孟子将这些"语"视作上述②"此非君子之言，乃齐东野人之言也"，换言之，他认为这是被篡改的孔子之言。根据东汉赵岐注的解释，"齐东野人"是指在齐国耕田的人，而据朱子《孟子集注》记载，"齐东野人"指的是齐国东边的野人咸丘蒙。无论如何，这里所说的均不是孔子本人的话。

孟子了解有篡改孔子言论的书籍存在，自知其本身也是其中之一，并一直在争夺孔子的威名为自己加持。《孟子》之所以敢引用与自己观点不同的"孔子曰"，并予以否定，是因为《孟子》具有尧舜革命这类独特的思想，其中对舜的评价，也与孔子观点大相径庭。换言之，孟子试图将孔子的言论限定在儒家范围之内。

非一次性成书

孔子的言论并不是他的徒子徒孙，即公认的《论语》编撰者的专利，也不是孟子等儒家的专利。《论语》和《孟子》之间的影响似乎是双向的，其中一个原因就是《论语》和《孟子》都不是在某段特定时期内一次性成书的。

原始《论语》的编撰时间自然早于《孟子》，是多层次的且有多个版本。《孟子》一度被认为是独著，但两者的编撰均经历了漫长的岁月，是在逐渐积累了孔子和孟子的言行或假托其言行后形成的。

以孔子言论为例，原始《论语》中的孔子言论汇入到多部收集孔子言论的孔子言行录之中，犹如河流汇入湖泊一般为其他诸子学派所用。同时，这些言行录还不断地被更新后的《论语》所吸收。

如果《论语》是在这样反复的过程中形成的，那么各篇的连贯性就不那么重要了，重要的是每一章的来历。这一点是津田批评武内的原因。

上述论述的专业性很强。在古文献研究中，识别何为正确的方法是迂回而复杂的。然而，接近真理的方法，并不是一味批评他人的学说。唯一的方法是像先贤一样直接与古典对话。为了了解孔子，我们要铭记这种传承，首先要不断地研读司马迁《史记》中收录的《孔子世家》以及《仲尼弟子列传》。因为这是现存最古老、最全面的孔子传记史料。

第 二 章

孔子生平及其弟子们

一、《史记·孔子世家》

司马迁与《史记》

我们很难了解孔子的生平和思想，因为难以厘清作为孔子生平依据的《史记·孔子世家》，以及探究孔子思想的《论语》究竟在多大程度上反映了孔子的真实情况。

《史记》是中国第一部纪传体通史，由西汉汉武帝时期的司马迁撰写，记载了黄帝（传说中的第一位帝王）到汉武帝时期的历史。《本纪》（十二篇）是帝王（秦、汉等）的编年史，侧重于政治史；《表》（十篇）是系谱和年表；《书》（八篇）主要是文化史；《世家》（三十篇）是诸侯历史；《列传》（七十篇）是大臣等人物传记。列传第七十《太史公自序》中详细说明了《史记》的写作意图。

《太史公自序》对孔子家世有如下描述：周王室已经衰微，诸侯任意横行霸道。仲尼（孔子）为礼崩乐坏而哀伤，于是钻研经术，以求重建王道，匡正乱世，使之返回正道。看他写作的文章，都是为了给天下制定礼仪法度，留传六艺的统绪纲纪垂范后世。（为记录此事）作了《孔子世家》，（视为世家）第十七。

司马迁指出，孔子通过重建王道及经术匡正乱世，造福天下，为后世留下六艺（六经，即《诗》《书》《礼》《乐》《易》《春秋》）的统绪纲纪。为此，司马迁放弃了《世家》本应记录诸侯历史的原则，将孔子收录于《世家》之中，并对其推崇备至。

这得益于司马迁曾拜专攻儒家"春秋公羊学"的董仲舒为师。《春秋》是鲁国的编年史，《孟子》最早将其与孔子联系在一起。春秋学是一门从《春秋》所用文字的差异和晦涩表达中寻找孔子之"义"（正确的标准）的学问。解说孔子这些规范的"传"（解释）包括《公羊传》《谷梁传》《左传》三传。董仲舒是专门研究《公羊传》的学者。

春秋公羊学阐扬孔子素王说。所谓素王，指未登基为王却有王者之德，且德行已为世人所知的人。换言之，虽然孔子既不是王，也不是诸侯，但因为他被视为素王，所以司马迁在《世家》中为孔子立传。

十五岁立志求学

司马迁以记录孔子及其弟子言行的《论语》为基础，从《孟子》《左氏春秋》《国语》等著作中收集孔子传说，由此写下孔子的生平。换言之，在司马迁所著的孔子传记中，包含了已经开始成形的孔子传说。为此，我将依据《史记·孔子世家》的记载，指出已知为传说的部分，同时追溯孔子的一生：孔子生于鲁国昌平乡陬邑。名丘，字仲尼。他的祖先是宋国的孔防叔。孔防叔生了伯夏。伯夏生了叔梁纥。叔梁纥与颜氏之女（征在）野合，于鲁襄公二十二年（公元前551年）生下孔子。孔子十七岁时，鲁国大夫孟釐子病重垂危，临终前告诫儿子孟懿子说："孔丘是圣人的后代，（他的家曾）毁于宋国。据说圣人的后代即便不当国君执政，但也必定会成为贤德之人（大德之人）。现在孔丘虽年少却喜好礼仪，他可能会成为贤人吧。我去世后，你一定要拜他为师。"釐子去世后，懿子随鲁人南宫敬叔一起去（孔子处）学礼。

如上所述，《史记》告诉我们，孔子在十七岁时就已经通晓礼仪了。果真如此吗？关于孔子的青年时代，我们已知的仅仅是《论语·为政篇》中说他"十五岁时立志做学问，三十岁时学问有成，立身于世"而已，如下：

【原文】

子曰："吾十有五而志于学，三十而立，四十而不惑，五十而知天命，六十而耳顺，七十而从心所欲不逾矩。"

【译文】

孔子说："我十五岁，立志做学问；三十岁（学问）有成；四十岁，不再犹疑困惑；五十岁，得知天命；六十岁，开始真诚地聆听话语；到了七十岁，即便随心行事，也不会逾越规矩了。"

众所周知，这一章记载了孔子的生平。在日语中，十五岁时的"志学"、三十岁时的"而立"、四十岁时的"不惑"和五十岁时的"知命"，也都被用来表达人生中的里程碑年龄。

三十而立

关于此后的孔子，《史记·孔子世家》中讲述如下：孔子出身贫寒，地位低下。长大之后，孔子成为季氏的手下，因公正无私而受到称赞，担任牛马饲养员饲养牲畜。但不久他就离开了鲁国，在齐国受到排挤，在宋国、卫国遭到驱逐，又在陈国、蔡国交界处被围困。于是返回鲁国。孔子身高九尺六寸（约2.16米），人们都称他为"长人"。

《论语·子罕篇》中也记载孔子做过多种工作的事情："吾少也贱，故多能鄙事（我小时候贫苦，所以学会了很多鄙贱的技艺）。"《论语》中还提到了孔子离开鲁国后，在齐国受到排挤，在宋卫两国遭到驱逐，在陈国与蔡国交界处被围困的事情。

之后，《史记·孔子世家》记载，孔子三十岁时，齐景公向他询问霸者之事。但王者和霸者的区别始于《孟子》。在《论语·颜渊篇》中，齐景公向孔子问政，孔子讲君君臣臣父父子子，否定以下犯上；在《论语·微子篇》中，孔子又以离开齐国向齐景公表明了自己出处进退的原则。虽然孔子可能真见过齐景公，但《孔子世家》中两人的这段对话仍值得怀疑。司马迁为了证明孔子"三十而立"，他这样描述孔子与齐景公之间的对话：

鲁昭公二十年（公元前 522 年），此时孔子大约三十岁。齐景公带着（宰相）晏婴来到鲁国。景公问孔子说："以前秦穆公国家很小，地方又偏，他能够称霸，这是什么原因呢？"（孔子）回答说："秦国虽小，志向却很远大；所处地方虽然偏僻，但施政却恰当又正确。（穆公）亲自（慧眼识才）拨用五张黑公羊皮赎来的（百里奚），封给他大夫的官爵，把他从牢狱中解救出来，与他一连谈了三天的话，随后就把国事交给他去处理了。从这些事情来看穆公，他就是称王也是可以的，称霸又算得了什么。"景公（对这个回答）很满意。

泷川龟太郎的《史记会注考证》是《史记》注释书中的权威之作，该书也认为孔子因学问受到大国国君齐景公称赞的故事是伪造的。

五十而知天命

根据《史记·孔子世家》的记载，孔子最终在五十二岁时开始从政。此时，孔子已经过了"知命"之年。这段内容稍长，却是一个著名场景，故引用如下：

鲁定公十年（公元前 500 年）的春天，（鲁国）与齐国和解。同年夏天，齐国大夫黎鉏对齐景公说："鲁国任用孔丘，势必危及齐国。"于是（齐）就派使者告诉鲁国，说要与其进行友好会晤（亲睦之宴），约定会晤的地点在夹谷。鲁定公准备用（日常）车驾不做戒备就前去。

孔子是代理国相（司仪官）的身份，于是说道："我听说，办文事时也得有武力作后盾，办武事时也得有文备。古代诸侯离开自己的疆界，必定带齐必要的（文武）官员。请您带上左、右司马一起去。"定公说："好的。"（于是）带了左、右司马去了。

（鲁定公）在夹谷与齐侯（景公）相会。那里修好了高台，高台上设了三级土台阶，彼此按照会遇之礼（邂逅时的简略礼节）相见，揖让着登上了高台。互相敬酒的仪式完毕之后，齐国的官员快步上前请示说："请开始演奏四方的乐舞。"齐景公说："好的。"于是齐国的一队舞者拿着（旗杆顶上插有彩色羽毛的）旌旗、（装饰着羽毛和五色帛的）羽袚、矛、戟、剑、拨（巨大的盾）等，敲着鼓喧闹着一拥而上。（害怕遭暗杀并对齐方无礼感到愤怒的）孔子小步急行上前，又快速地登上台阶，站上了倒数第二级台阶，扬起衣袖一挥，说道："我们两国的国君为和好而来相会，为什么要演奏夷狄的乐舞？请下令官员（让他们停止）！"官员示意孔子退下，（孔子）却不肯离场。（孔子）又左右扫视（宰相）晏子与齐景公。齐景公心中惭愧，挥手叫舞者们退下去。

过了一会儿，齐国官员又跑来请示说："请允许演奏宫中的乐舞。"齐景公说："好的。"（于是一些歌舞杂技的）艺人和（身材矮小的）侏儒嬉戏着上前来。（因被轻视而愤怒的）孔子小步急行上前，又快速地登上台阶，站上了倒数第二级台阶，说道："卑贱匹夫之躯胆敢惑乱诸侯，论罪当杀！请下令官员（行刑）！"官员依法将他们（处以）腰斩。

齐景公大为震恐而动摇，知道自己在道义上输了。回（齐国）之后很害怕，对群臣们说："鲁国是用君子之道来辅佐他们的国君的，而你们却教我夷狄之道，让我对鲁国国君犯下了（不敬之）罪，这该怎么办呢？"官员上前回答说："君子有了过错，就用实际行动来道歉；小人有了过错，就用花言巧语来谢罪。您如果对此愧悔，就应该用实际行动来道歉。"于是齐侯退还了（从前）侵夺的鲁国郓、汶阳、龟阴的土地，表示认错。

简言之，鲁定公十年春，鲁国与齐国讲和之时，孔子以道义斥责并压服了以武力威胁鲁定公的齐国，迫使齐国道歉，由此收回了鲁国郓、汶阳、龟阴的土地。这是一次出色的外交行动。当然，《论语》并没有如此刻画孔子积极参与现实政治的形象。

"夹谷之会"是《春秋》中的著名外交场面，在《春秋左氏传》《春秋公羊传》和《春秋谷梁传》中均有记载。如前所述，《论语》中并没有出现《春秋》这个书名。"夹谷之会"可能是由那些受《孟子》影响并共享儒教经典《春秋》的学派创作的故事。司马迁之师董仲舒就出自这一学派，自然司马迁会将孔子这一传说作为"史实"记录在《史记》之中。

据《史记》记载，在内政方面，孔子曾试图拆除鲁国专政大臣"三桓"（鲁国国君鲁桓公的后代，大臣叔孙氏、季孙氏、孟孙氏）的都城，这一计划虽然失败了，但孔子的德行却起了教化作用，形成了百姓路不拾遗的社会风气。然而，这个故事在《春秋左氏传》定公十二年中有记载，但在《论语》中却没有看到。在司马迁从董仲舒那里了解的孔子传说中，孔子已经是一位精通内政外交的杰出政治家的形象。

《史记》还记载道，齐国害怕孔子的政治能力，将舞女送给鲁国，导致孔子离开鲁国。这些事情在《论语·微子篇》中有记录。

文之自信

离开鲁国后，孔子开始周游列国讲学。他先到了卫国，但对卫灵公失望而离去。《史记》将原因归结于孔子被人诽谤，但《论语·卫灵公》却说是因为孔子被问及排兵布阵的问题。后来，孔子在往陈国的途中经过匡城，被误认为是鲁国的阳虎而遭到围攻。《论语·子罕篇》中记载了孔子当时的言论：

【原文】

子畏于匡，曰："文王既没，文不在兹乎？天之将丧斯文也，后死者不得与于斯文也。天之未丧斯文也，匡人其如予何？"

【译文】

孔子在匡城遭遇危难，（如下）说："周文王殁去以后，（周朝的）文化不都在我这里吗？上天若是要消灭这种文化，那么后世的我也不会掌握这些文化了。（换言之）上天若是不想消灭这种文化，那匡人又能把我怎么样呢？"

在这里，孔子用罕见的异常强烈的语气说："天之未丧斯文也,匡人其如予何?"表达了他自身的使命感和对"文"的自豪感。"文",最直接的解释是周文王留下的文章。周文王身怀圣德,以文教化天下。由此延伸,"文"可泛指周朝所有的文化和制度。孔子生活在东周末年、春秋后期,他认为自己的使命就是代替逐渐衰落的周朝,用周朝的文化和制度教化天下,这一章就强烈表达了这种使命感。"斯文"一词也因此最终演变成指代儒教文化的词语。

顺便提一下,为了振兴儒学,江户幕府在汤岛举行了祭孔活动(1691年),并在那里建立了昌平坂学问所。这就是高等师范学校(即筑波大学)的前身。汤岛孔庙(汤岛圣堂)存留至今,它由岩仓具视与谷干城等人创建的斯文会(1880年)负责管理,斯文会的名称便出自《论语》上述章节。

据《史记》记载,孔子躲过一劫后,回到卫国,居住在蘧伯玉家,并去见了卫灵公的夫人南子。据《论语·雍也篇》记

图4 大成殿(东京汤岛圣堂) 渡边义浩提供

载，弟子子路为此指责孔子，孔子辩解说："我予所否者，天厌之。"（我假若做了什么不对的事，就让上天厌弃我吧）之后，孔子从曹国到宋国，又从郑国到陈国，于鲁哀公十二年（公元前483年）回到鲁国，时年六十九岁。此后，他致力于整理经书和培养弟子，死于鲁哀公十六年（公元前479年），享年七十三岁。

二、孔子的思想

经典的编撰

关于编撰经典一事,司马迁指出孔子按序整理了《尚书》(《书经》)中的内容,并从三千多首诗歌中选出了《诗经》中的三百零五篇。书和诗歌本就是一个民族的传统文化,并非儒家专属之物。例如,《墨子》就毫无顾忌地引用《诗经》和《书经》。《论语》中反复说明孔子将它们尊为儒家经典,于是这两本书便成了儒家专属经典。在司马迁记录的孔子传说中,"孔子编《书》修《诗》"可视为与此相关的表述。

现在认为,《书经》中较新的部分是在秦始皇统一中国之后写成的,而《诗经》原本也没有三千篇。这也是为什么在宋明理学(儒教哲学)中,朱子推崇《四书》,即《论语》《孟子》《大学》和《中庸》远多于汉唐训诂学(古典解释学)中极受重视的《诗经》和《书经》的原因之一。孔子虽然推崇《诗经》《书经》,但传说他为表达自己的思想而对此进行了修改。

在介绍了孔子整理礼乐制度之后，司马迁还提到孔子晚年偏爱《周易》，翻来覆去地读，以至于使连缀竹简、木简《周易》的皮条都断了三次（韦编三绝）。然而，如后所述，这部分内容有待商榷。最后，司马迁特别指出孔子根据鲁国史官记录编撰《春秋》之事，并强调了《孟子·滕文公章句》中孔子所言内容："后世知丘者以春秋，罪丘者亦以春秋。"因为司马迁视自己撰写的《史记》是《春秋》的继承之作。

《史记》如今被视为史书，但《汉书·艺文志》却将其列为"六艺略·春秋"一类。《史记》是一部思想巨著，它不仅记录事实，而且继承了《春秋》以"君子曰"展示"义"的传统，书中司马迁以"太史公曰"来论述事实的是非曲直。因此，司马迁认为，《春秋》是《史记》的模板，它继承了《孟子》以及老师董仲舒的理论，也是孔子最推崇的经书。当然，《春秋》与孔子的关系仅是一个传说，该书从未在《论语》中被提及。

综上，要想从最古老的孔子传记《史记·孔子世家》中的许多传说中，厘清孔子的生平并不容易。话虽如此，但如果以自己的方式剔除传说因素，孔子的生平和思想可以概括如下。

孔子生活的时代

孔子出生于鲁国，鲁国是创立周朝封建制度的周公（姬旦）儿子的封国。孔子视周公为偶像，以周王朝为自己的理想。《论语·述而篇》中留下了以下名言：

【原文】

子曰："甚矣吾衰也，久矣吾不复梦见周公。"

【译文】

孔子说："我衰老得多么厉害呀！我好长时间没再梦见周公了！"

上课时，有学生打瞌睡，我为此发火，学生回答说："我去见周公了。"多么时髦的借口！与此不同，孔子却说："我老了，梦不到周公了。"从这句话中，我们不仅可以感受到孔子对周公的思慕之情，还可以感受到他对无法实现周公理想的焦躁感和紧迫感。

图 5　孔子像（北京国子监）

渡边义浩提供

在孔子生活的春秋末期，周朝以礼为本的礼政合一的封建制度濒临崩溃。孔子并非纯粹的理想主义者，据说他参与政治是为了重振他的故土鲁国，一个在以下犯上风潮中逐渐衰弱的周氏王朝。孔子并没有像《春秋》或《史记》中所描述的那样，在外交活动中大展拳脚。孔子追求的是一种迂回的方法。

【原文】

子路曰:"卫君待子而为政,子将奚先?"子曰:"必也正名乎!"子路曰:"有是哉,子之迂也!奚其正?"子曰:"野哉,由也!君子于其所不知,盖阙如也。名不正,则言不顺;言不顺,则事不成;事不成,则礼乐不兴;礼乐不兴,则刑罚不中;刑罚不中,则民无所错手足。故君子名之必可言也,言之必可行也。君子于其言,无所苟而已矣。"(《论语·子路篇》)

【译文】

子路说:"若卫国国君请老师您去治理国事,您准备首先做什么?"孔子说:"那一定是正(一切的)名分吧!"子路说:"是这件事啊,您实在太迂腐了!为什么要正名呢?"孔子说:"看来(子路)你不明白啊!君子对于他所不懂的,会采取保留态度而闭口不言。名分不正,说话就不顺当;说话不顺当,政事就办不成;政事办不成,礼乐就无法兴盛;礼乐不兴盛,刑罚的执行就不会得当;刑罚不得当,百姓就不知道该怎么办(而惶惶不安)。所以君子如果定下名分,就必须能够说得明白。说得明白就一定行得通。君子对于自己的言论,是从不马马虎虎对待的。"

孔子所推崇的政治手段是"正名"。正名即"君为君,臣为臣,父为父,子为子",可以防止以下犯上。尽管子路批评孔子过于迂腐,但孔子仍试图通过正名来恢复社会秩序。

要做到这一点,统治者本身必须是一个有德之人:

【原文】

子曰："为政以德，譬如北辰，居其所而众星共之。"（《论语·为政篇》）

【译文】

孔子说："如果把无为当作为政之道，那就好比北极紫薇星处在它的位置上，而众星都会向它表示敬意。"

这一章通常被描述为孔子对德治的倡导，孔子认为如果以"德"治国，就能像众星拱北般进行统治。然而，译文却说是"无为"。这是因为本书是按照"古注"，尤其是按照何晏的《论语集解》来解读的。何晏在上述引文后标注了东汉包咸的解释："德者无为"。汉武帝之前，国家管理一直以黄老思想为基础，推崇无为而治。包咸生活在东汉初年，没有必要对抗黄老思想，主张孔子在《论语》中早已视他们的核心观点"无为"是一种"美德"，阐述了它的重要性。莫非是沿用了包咸时已经流传下来的解释？那是一个没有版权的时代。在未经允许的情况下就可以引用前人的注释，使这种解释具有多重性。

何晏之所以在此引用了包咸注，是因为何晏创立的玄学（在儒教框架内复兴老庄思想的学问），在政治方面尊崇无为而治。因此，这种解释很新奇，而无论是皇侃《论语义疏》、邢昺《论语注疏》的"古注"，还是朱熹《论语集注》的"新注"，都是基于《礼记·乐记篇》中传统训诂学的"德者，得也"进行阐释的，不过，它们之间仍有细微的差别：《论语义疏》认为是"得万物之性"；《论语注疏》认为是"物得以生"；《论语集注》认为是"得于心而不失"。此外,朱熹《论语集注》将"共"解释为"向",并将此章理解为倘若施行德治,所有星辰都将被灌输要"面向"北极星的思想。

无论如何,统治者要想成为一个有德之人,就必须具备孔子所推崇的最高德行,即"仁"。那么,何为"仁"?如何才能获得"仁"呢?

仁即爱人

仁就是爱人。

【原文】

樊迟问仁。子曰:"爱人。"问智。子曰:"知人。"樊迟未达。子曰:"举直错诸枉,能使枉者直。"樊迟退,见子夏曰:"乡也吾见于夫子而问知,子曰:'举直错诸枉,能使枉者直。'何谓也?"子夏曰:"富哉言乎!舜有天下,选于众,举皋陶,不仁者远矣。汤有天下,选于众,举伊尹,不仁者远矣。"(《论语·颜渊篇》)

【译文】

樊迟问仁。孔子回答说:"关爱人。"又问智。孔子回答说:"善于识别人。"樊迟还不完全明白。孔子说:"提拔正直的人,置于邪恶之人之上(取代他),就能够使邪恶之人变正直。"樊迟退出后,见到子夏,说道:"刚才我去见老师，问他什么是智，老师说：'提拔正直的人，置于邪恶之人之上（取代他）。'这是什么意思？"子夏说："多么深刻的一句话呀！舜有了天下，在众人之中挑选，选用了皋陶，不仁的人就走得远远的了。汤有了天下，在众人之中挑选，选用了伊尹，不仁的人就走得远远的了。"

关于智的对话很长，因为年轻聪慧的子夏要向樊迟解释孔子告诉他的那句话。对于"仁"，孔子的回答很简单："关爱人。"孔子对这位悟性较差的弟子樊迟非常温柔，从樊迟能理解的事情开始简单地教他。

克己复礼

面对最优秀的弟子颜回，孔子对"仁"的解释就不一样了。下面的内容是《论语·颜渊篇》中有名的章节：

【原文】

颜渊问仁。子曰："克己复礼为仁。一日克己复礼，天下归仁焉。为仁由己，而由人乎哉？"颜渊曰："请问其目。"子曰："非礼勿视，非礼勿听，非礼勿言，非礼勿动。"颜渊曰："回虽不敏，请事斯语矣。"

【译文】

颜渊问仁。孔子说："约束自己，一切都按照礼的要求去做，就是仁。即便只有一天，只要约束自己，一切都按照礼的要求去做，天下（众生）就都归于仁了。实践仁德，全凭自己，为何要靠别人？"颜渊说："请告诉我具体的做法。"孔子说："不合礼的事不看，不合礼的话不听，不合礼的话不说，不合礼的事不做。"颜渊说："我虽然迟钝，但也会按照您的话去做。"

把"克己复礼"解释为"约束自己，一切都按照礼的要求去做"，依据的是何晏的《论语集解》。在日本，对此的著名解释是"战胜自己的欲望，复归于礼"，其依据是朱子的《论语集注》。此外，《春秋左氏传》昭公十二年写道："仲尼曰：'古也有志：'克己复礼，仁也。'信善哉！"认为自古以来就有"克己复礼"之说，并非孔子所言。"志"的意思是记录。

还有一些学者并未像朱子那样把"克"解释为"约束"，例如皇侃《论语义疏》中引用的范宁注。东晋的范宁是《后汉书》编撰者范晔的祖父。范宁认为："克就是责。复礼就是责备自己失去礼。如果不是仁者，就不可能责备自己后回归于礼。因此，如果责备自己后回归于礼，那么就是仁。"据此，"克己复礼为仁"的意思就是"检讨自己的过失后回归于礼，可以视为仁"。

邢昺《论语注疏》中引用了隋朝刘炫的观点，"克己复礼"被解读为"克，胜也"。刘炫认为："己指的是身体。身体有欲望，需要通过礼和义来调节，当欲望与礼和义相争，礼和义战胜了欲望，身体就能回归于礼，如此就能成仁。"据此，"克己复礼为仁"的意思就是"战胜自己的欲望后回归于礼，可以视为仁"。那么，朱子的解释和刘炫的一样吗？答案是否定的。

朱熹《论语集注》中指出："克就是胜。己指的是自己身体里的私欲。复就是回归。礼指的是合乎天理的人类秩序。"与刘炫的解释相比，朱子的特点在于明确地将"己"定义为"私欲"，并且将战胜"私欲"所应遵循的"礼"定义为"合乎天理的人伦秩序"。朱子对"礼"作了宇宙论式的诠释，认为贯通天地的"天理"变成人伦秩序之后就成了"礼"，同时基于其核心学说"性即理"（人的本性就是理），朱子给孔子学说中最重要的"仁"的概念下了定义。

由于讨论的章节涉及最重要的美德"仁"，特将列举一些日本学者的解释于后。

伊藤仁斋《论语古义》认为："克就是胜。己是相对他人的称呼。复就是重复。克己是舍己从人之意，指的是舍弃自己。如果能够战胜自己，那么就能爱更多的人。重复礼，就能学会节制。博爱且有节制时，便是在践行仁。"据此，"克己复礼为仁"的意思就是"战胜自己并重复礼，可以视为仁"。这个解释明显有异于朱子学。最重要的美德"仁"可以通过重复日常生活中的道德来实现，这一观点清楚地表明了仁斋学的特点，即他的注意力全部集中在日常生活中的道德修为上。

荻生徂徕的《论语征》则认为，"克己"与何晏的《论语集解》一样，是约束自己的意思，"复"就是践。据此，"克己复礼为仁"的意思就是"约束自身并践行礼，可以视为仁"。这种观点清楚地表达了徂徕重视践行先王制定的治国之道的立场。

江户时代后期折中派儒学家猪饲敬所的《论孟考文》认为，

"一日"是"一曰"的笔误，后面的九个字是异本校勘者的话。这个看法很有意思。确实，归礼"一日"，便能"让天下归仁"吗？确实值得怀疑。

津田左右吉的《论语与孔子思想》通过列举其他"一日"的例子来反驳猪饲的观点。他还注意到该章的后半部分："子曰：'非礼勿视，非礼勿听，非礼勿言，非礼勿动'。"《荀子·劝学篇》中也有类似的说法："使目非是无欲见也，使耳非是无欲闻也，使口非是无欲言也，使心非是无欲虑也。"津田认为这是根据《荀子·劝学篇》或类似文本后补进去的。确实，颜回反驳孔子的情况十分罕见，前半部分与后半部分之间缺少连贯性，导致无法从后半部分推断出前半部分"克己复礼"的含义。

注释的重要性

如上所述，即使是孔子向最得意的门生颜渊解释他的核心思想"仁"的话，也会因为古注新注之别或注释者的不同，出现不同的理解。或者说，正因为它是孔子学说中最重要的概念，所以才会产生各种观点的解读。无论如何，想要找到孔子思想的原点，就必须了解注释者们的社会背景、思想体系以及他们以什么为素材来解读《论语》的问题，这样才能在学术上准确把握每位注释者的解读哪些更接近孔子的思想。

当然，如果把《论语》当作人生指南，当作一本为人处世的书来读，对称之为"孔子思想"的解读就各有心得。但若将孔子思想作为研究对象，那么首先必须准确解读《论语》，为此必须考察注释者所处的社会背景和思想状况。

孝与礼

仁的根本在于孝的实践，即关爱父母。通过逐步扩大这种关爱的范围，"仁"最终会达到爱人的终极目标。践行"仁"的方法就是"忠恕"（尽心待人、推己及人）（《论语·里仁篇》），具体表现为"己所不欲，勿施于人"（《论语·颜渊篇》）。

孔子还认为礼是仁的外在表现，因为人是一种社会性存在。因此，孔子将"克己复礼"定义为仁，但是，礼并没有超越"仁"。孔子说："一个人没有仁德，礼有什么用？一个人没有仁德，乐有什么用？"（《论语·八佾篇》）于是，人们必须一直追求仁。孔子说："仁难道离我们很远吗？我想追求仁，仁就来了。"（《论语·述而篇》）如此形成了一种以"仁"为核心，重视"礼"的儒学理论基础。

做人

孔子不谈天命和鬼神。"敬远"一词出自下面一章：

【原文】

樊迟问知。子曰:"务民之义,敬鬼神而远之,可谓知矣。"问仁。曰:"仁者先难而后获,可谓仁矣。"(《论语·雍也篇》)

【译文】

樊迟问智。孔子说:"致力于民(的教导),尊敬鬼神但远离它,就可以算是智了。"(樊迟)问仁。(孔子)说:"仁德之人先做难事而后收获(功劳),就可以算是仁了。"

敬"鬼神"而远之的态度表明孔子希望克服古老巫术信仰的立场。这与西方所谓的宗教相去甚远。孔子对天的态度也类似于对鬼神的态度。对孔子而言,天命是人力所不能及的。孔子认为世界上有两类事:一类是能够掌控的人或社会现象,如道德和政治;另一类是人力无法掌控的事情。天命属于后者。

然而,天命并非与人无关。孔子相信天,说:"了解我的大概是上天吧?"(《论语·宪问篇》)他相信上天会保护他,说:"上天把德赋予了我,桓魋能把我怎么样?"(《论语·述而篇》)对孔子而言,天是可畏的,也是需要尝试去了解的对象。

在这种认识中,孔子教导人们要努力生活。孔子在《论语》中说:"还不懂得生,怎么懂得死?"(《论语·先进篇》)他在《论语》中也留下了许多关于做人所需的日常道德的金玉良言。借用清朝袁枚(1716年至1797年)的话说,孔子是"最杰出的有识之士"。

三、《史记·仲尼弟子列传》

众弟子们

有人认为,孔子的一生是悲惨的,因为他仕途不顺,无法实现自己的理想,他的孩子孔鲤、爱徒颜回和子路都先他而去。我却不这么认为。尽管苦于许多弟子的就业难问题,但孔子仍孜孜不倦地坚持学习。这种乐趣体现在《论语》开头的孔子言论中。"学了,然后在适当的时候去复习它,不也高兴吗?有朋友从远方前来拜访,不也快乐吗?别人不了解(自己),我却不怨恨,不也是君子吗?"(《论语·学而篇》)

孔子之所以孜孜不倦地学习,可能是他的品质使然。不过,他的弟子们也给他带来了极大的学习乐趣。第一位便是弟子颜回。但孔子不完全是因为颜回在身边才体会到学习的乐趣。事实上,如后所述,孔子甚至说颜回对他的学问无所助益。这是因为孔子什么都懂的缘故。

孔子想要的是为不得其解而烦闷不堪,寻求自我深化的过程。孔子这么描述自身的教学方法："不愤不启（不到他心里努力想弄明白而不得的时候，不去教导他），不悱不发（不到他无法表达想说却说不出的时候，不去启发他）。举一隅，不以三隅反，则不复也（教给他一个方向，他却不能由此推知剩下的三个方向时，我便不再往下教他了）。"（《论语·述而篇》）孔子是一位严格的老师。希望学生思考，而不是读书和记忆。孔子说："学而不思则罔，思而不学则殆（只是读书，却不思考其含义，就不知道事物的道理。只是思考，却不读书，就会精神疲倦）。"（《论语·为政篇》）

孔子的这种教育方法，引来许多弟子追随他。他有十位杰出的弟子，合称"四科十哲"（孔门十哲）。"德行（出众的人）：颜渊、闵子骞、冉伯牛、仲弓。言语（善于辞令的人）：宰我、子贡。（擅长）政事（的人）：冉有、季路。文学（学问优异的人）：子游、子夏。"（《论语·先进篇》）至于以孝闻名的曾子为何不在其中，除了上述武内义雄的观点外，还有许多其他说法。《论语》中出现频率最高的弟子是子路，其次是子贡，然后是颜回，以及年轻一代中并称"双璧"的子夏和子张。本书将按照《史记》的记载，对颜回、子路和子贡进行分析。

颜回

司马迁《史记》的《仲尼弟子列传》中收录了七十七名弟子，其中三十五名弟子有事迹可传，其他四十二名附有名和字。

据说弟子的姓名和言论均取自《论语》中孔子与弟子间的问答，有疑问的部分未收录在内。

孔子说："（我的弟子中）跟着我学习并精通（六艺）的弟子有七十七人，他们都是才华出众的人。""德行（出众的人）：颜渊、闵子骞、冉伯牛、仲弓。（擅长）政事（的人）：冉有、季路。言语（善于辞令的人）：宰我、子贡。文学（学问优异的人）：子游、子夏。"又说道："师（子张）偏激，参（曾参）鲁（迟钝），柴（子羔）愚（愚笨），由（子路）喭（粗鲁）。"又说道："回（颜渊）（贫困），经常吃不上饭。赐（子贡）不做官而去从商，猜测行情，每每猜中。"

《仲尼弟子列传》这段介绍列出了《论语·先进篇》四个章节，包括上述"孔门十哲"。司马迁首先提到颜回（颜渊）：颜回出身于鲁国，字子渊，比孔子小三十岁。颜渊问孔子关于仁的事。孔子说："约束自己，一切都按照礼的要求去做，就是仁。"孔子说："颜回真贤德啊！吃得少，喝得少，住在陋巷里。（一般的）人都不堪其忧，而颜回却不改其乐。颜回真贤德啊！"又说道："颜回像个愚笨的人。（但当颜回从对坐的位子上）退下之后，我观察他私下的言行，发现他对于我所讲授的内容有所发挥并受到启发，可见颜回并不愚笨。"（孔子对颜渊说：）"（君主）提拔你，你就出去；抛弃你，你就躲起来，只有你和我能做到这一点。"

此处，司马迁也用四章篇幅描写了颜渊的性格。其中第三章很有意思。《论语·为政篇》中有如下记载：

【原文】

子曰:"吾与回言终日,不违,如愚。退而省其私,亦足以发。回也不愚。"

【译文】

孔子说:"我整天和颜回讲学,(颜回)从来不问问题,(沉默地)像个傻瓜一样。(但颜回)退下之后,当我观察他私下与朋友交谈时,他把我所说的讲得很清楚。可见颜回并不是傻瓜。"

何晏《论语集解》解释说,"不违"是指没有疑问,不质疑孔子的话,默默理解的方式像个傻瓜一般。但当孔子看到颜回退下后与其他弟子讨论,互相诠释道义,引出要义时,就知道他不是傻子。

而朱子《论语集注》则将"私"解释成一个人放松时的样子,颜回从孔子面前退下来,独自放松时,每天的举手投足都表现出对孔子之道的清晰理解。朱子学强调人的日常修养。

我感兴趣的是孔子的学习方法论。正如希腊的苏格拉底重视对话一样,孔子也把不质疑他所言、不发问的人视为"愚人"。换言之,孔子要求弟子们批判性地接受别人所说的话,并提出自己的观点。这就是如今流行的互动式讲座。然而,颜渊已经到达了孔子想要引导他去的境界,而无须再经过向老师陈述自己的观点,然后接受点评以加深理解的过程。这着实令人惊讶。

颜回整天听孔子讲话,生怕自己插嘴打断老师。《先进篇》

中写孔子说:"回也非助我者也,于吾言无所不说。"何晏《论语集解》解释,孔子认为颜回不是帮助他进步的人,没能进一步深化孔子的学问,因为颜回一切都是按照孔子之言来理解的。

正因为如此,孔子才认为只有颜回是喜欢学习的人。关于孔子对颜回之死的反应,司马迁记载如下:颜回二十九岁的时候,头发就全白了,英年早逝。孔子哭得十分伤心,说道:"自从我有了颜回,学生更加亲近(我)了。"鲁哀公问(孔子):"(你的)弟子中,哪个好学?"孔子回答说:"有一个叫颜回的人好学,不把怒气(从理性中)发泄出来,也不犯同样的错误。(但)不幸的是,他年纪轻轻就死了。(所以)现在再没有这样的人了。我没听说过(有人)喜欢学习。"

孔子在颜回死之时嚎啕大哭,这是不合礼法的。司马迁的依据是《论语·先进篇》中的如下章节:

【原文】

　　颜渊死,子哭之恸。从者曰:"子恸矣!"曰:"有恸乎?非夫人之为恸而谁为?"

【译文】

　　颜渊死了,孔子悲痛得嚎啕大哭。跟着孔子的人说:"老师您痛哭流涕了!"孔子说:"我痛哭了吗?我不为那个人(颜渊)大哭,还为什么人呢?"

哭,指的是为死者哀惜而大声哭泣,见于《仪礼·士丧礼》。

在按礼节该哭的时候，孔子却恸哭了。"恸"，是太过哀伤以至身体颤抖抑制不住地哭泣。但《孟子·离娄章句下》中却说"孔子未曾做极端之事"。这也难怪宇野精一说《孟子》未参考《论语》。

何晏《论语集解》引用的孔安国注认为，"他没有意识到自己已经悲伤过度"。朱子《论语集注》只是沿用了古注，实则可能有不同的想法。伊藤仁斋认为圣人并不否认人的感情，但要求有节制。朱子等人则以《大学》为依据，认为圣人清静无欲、心静如水。如果是这样，孔子还会像本章中那样恸哭吗？这也说明《大学》这本书并没有传达孔子的真实想法，朱子和朱子学所推崇的《大学》为此遭到了仁斋的批评。在四书中，《大学》和《中庸》都是汉代《礼记》中的一篇，它们塑造的孔子形象与《论语》中描述的孔子不尽相同。

日本出版的几乎所有与《论语》相关的书籍均以朱子"新注"为依据，而我之所以被"古注"吸引，是因为我认为"古注"中可能传达了被朱子学曲解之前的孔子形象。此外，读到这一章时，总让我想起大学一年级结束时的情景。我在一次事故中失去了一位好友。他的老师是一位高僧，在葬礼上亲自诵经。最后，当老先生要念到好友名字时，顿时泪流满面，再也念不下去了。事实上，"他没有意识到自己已经悲伤过度了。"

孔子对颜回的死悲痛至此。司马迁在最后引用了孔子的话："不幸短命死矣，今也则亡，未闻好学者也。"以此表达孔子仍在承受颜回之死带来的伤痛。

子路

《论语》中提到最多的弟子是子路。《仲尼弟子列传》：仲由，字子路，（鲁国）下人。比孔子小九岁。子路性格鲁莽（粗鲁），为人勇武，志气刚强。他戴着公鸡(羽毛做成的)冠，佩着公猪(的皮做成的)剑饰，曾对孔子很不礼貌。孔子用礼慢慢地引导子路，子路最终穿上了儒服，带着礼物，通过孔子弟子的引荐，请求做（孔子的）弟子。

孔子接受了这位鲁莽的学生。他好勇，正义感强，耿直冲动，有时会跟孔子顶嘴，但孔子喜欢他的坦率。他对子路的教诲总是充满深情。司马迁记载：子路听了（孔子的教诲），还没来得及实践时，断然不敢再听（其他的教诲）。孔子说："（只听）单方面的供词就可以判决案件的，大概只有仲由吧！"（孔子说：）"仲由你比我勇敢啊，（但木筏的）材料恐怕是买不到吧。"（孔子说：）"像仲由这样的男人，只怕会不得善终啊！"（孔子说：）"穿着破棉（外套）与穿着狐貉（毛皮）的人站在一起而不感到尴尬的，恐怕只有仲由吧！"（孔子说：）"仲由登上厅堂（前厅）了，只是还没有进入内室（后屋）。"

司马迁在这里用六章的篇幅描绘了子路。其中出自《公冶长篇》的第三个故事很有趣，但由于没有前半部分，因此很难理解。其全文如下：

【原文】

子曰："道不行，乘桴浮于海。从我者，其由与？"

子路闻之喜。子曰："由也好勇过我，无所取材。"

【译文】

孔子说："（我理想的）道路行不通了，（不如）坐个（小）木筏出海吧。跟随我的恐怕只有仲由吧！"子路听到这话很高兴。孔子说："仲由在好勇这点上超过我啊。（但木筏的）材料恐怕是买不到吧。"

大洋彼岸是异国他乡。我能理解子路的喜悦，因为孔子说只有他会选择与自己一起去一个未知的国度，而不是为了世间荣华。也许是因为他过于高兴了，孔子才斥责了子路。这段话可以有多种解释。

何晏《论语集解》引用了郑玄注和另一种不同的说法。郑玄认为："子路当真以为孔子想出去，所以孔子说他比自己更勇敢。无所取材就是无法买到木筏的材料。只不过是因为子路听不懂（孔子的）微言大义，所以才开子路的玩笑。"换言之，孔子是在开玩笑。

另一种不同的说法认为："子路听说孔子想出海，立刻高兴起来，但他没有进一步考虑（孔子的）愿望。于是孔子感叹子路的勇敢，说道：'你比我强啊，（但带你）一起走是不可能。'孔子的意思是，只有他一个人去。在古代，'材'和'哉'是同一个字。"如果把"材"读成"哉"，那么最后一句就变成"无所取哉"。何晏之所以列出两种观点，可能因为他难以认同郑玄，不认为孔子是在开玩笑。

朱熹显然更不把孔子的话当玩笑话。朱熹把"材"视作"裁"，读作"无所取裁",解释为"不懂得裁度事理"。顺便说一下,北宋邢昺《论语注疏》根据《子罕篇》中的"子欲居九夷",将其解释为"我的主张在中国已经行不通了,于是想乘筏渡海,去九夷(东方九个不同民族的地盘)居住。因为(那里的)贤德之人,可以践行自己的主张。"

孔子可能想去日本,打算和子路二人乘木筏渡海。可孔子说:"但我们没有木材啊。"郑玄认为孔子是会开这种玩笑的圣人。与此相反,朱子笔下的孔子却斥责了子路,要让他懂得裁度事理。我觉得这样的孔子毫无魅力可言。

此后,司马迁又描述了子路遇到隐士的故事,这个故事放在后面再讲。子路做了季氏家族的总管,出任蒲邑的大夫,后来又担任卫国大夫孔悝采邑的长官。在那里,他卷入了一场谋乱:

蒉聩与(姐姐之子)孔悝勾结作乱,密谋进入孔悝家。然后蒉聩率众袭击卫出公。出公逃往鲁国。接着蒉聩入主(宫中)并继位,这就是卫庄公。当孔悝作乱时,子路还有事在外,听到这个消息就立刻赶回来。子羔从卫国城门出来,正好相遇,(子羔)对子路说:"卫出公逃走了,城门已经关闭,您可以回去了,不要为他白白遭受祸殃。"子路回答道:"吃人家的俸禄,就不能回避人家的灾难。"子羔最后离开了。

正赶上有使者要进城,城门开了,子路就跟了(使者)进去。他来到蒉聩处,蒉聩和孔悝都在台上。子路说:"大王为什么要任用孔悝呢?请把他发还给我。"蒉聩不听从他的劝说。于是子路要放火烧台,蒉聩害怕了,于是命令石乞、壶黡去攻击子路，（他们）进行攻击并斩断了子路的冠带。子路说："君子即使死了，冠不能掉下来。"于是系好冠就死了。

孔子听到卫国发生暴乱的消息，说："哎呀，仲由要死了！"不久，果真传来了他的死讯。孔子说过："自从我有了仲由，就再也听不到（别人对我的）恶言恶语了。"

子路的生死故事，出自《春秋左氏传·哀公十五年》。假如《春秋左氏传》的成书晚于《史记》的话，那么《史记》和现存《春秋左氏传》中可能存在一个共同的关于春秋时期的故事。《论语》只在《先进篇》中提到孔子说子路不得善终：

【原文】

闵子侍侧，訚訚如也；子路，行行如也；冉有、子贡，侃侃如也。子乐。"若由也，不得其死然。"

【译文】

闵子骞站在（孔子）身旁，恭敬而正直的样子；子路是勇猛的样子；冉有、子贡是温和的样子。孔子很高兴。（孔子说：）"像仲由（子路）这样，恐怕得不到善终吧。"

中岛敦在《弟子》中对孔子听到子路死讯的情形做了如下描述。这又是一个从《论语》衍生出的故事。

孔子在鲁国时，听说远方卫国发生政变，立即说："柴（子羔）还有可能安全归来，由要死了！"当老圣人意识到他的话成真时，站在原地沉思了一会儿，不久泪流满面。听说子路的尸体被剁成了肉酱，他立即让人把家里所有的腌制品都扔掉，从那以后，再也不提供腌制品了。

子贡

与年过六十多仍找不到工作的老师孔子、一心向学的颜回，以及简单朴实的子路相比，子贡最有社交能力和商业头脑，他支撑起整个团队，是孔子去世后孔门的真正领导者。《仲尼弟子列传》：

端木赐，卫国人，字子贡，比孔子小三十一岁。子贡能言善辩，孔子常常驳斥他的高谈阔论。孔子问："你和（颜）回比，谁更加出色？"（子贡）回答说："我怎么敢跟颜回（一样）呢？颜回听说一个道理，能够悟出十个道理，我听说一个道理，（只不过）能明白两个道理。"子贡拜在孔子门下求学以后，问老师："我是一个什么样的人？"孔子说："你像一件器皿。"（子贡）问："什么样的器皿呀？"（孔子）说："（宗庙祭祀时盛粮食的贵重器皿）瑚琏。"陈子禽问子贡说："仲尼是跟谁学的？"子贡回答说："（周）文王、武王的治国思想并没有完全丢掉，还在人间流传。贤能之人记住它重要的部分，不贤之人记住它的细枝末节，文王、武王的思想无处不存在着。老师跟谁都能学习，又何必要有固定的老师！"又问道："老师每到一个国家，一定要聊这个国家的政治。（老师）这是请求人家告诉他的呢，还是等人家主动告诉他的呢？"子贡说："老师凭借温和、坦率、恭谨、谨慎、谦逊的美德得来的。老师这种求知的方式，或许与别人求知的方式不同吧。"子贡问孔子说:"富有却不骄纵,贫穷却不谄媚,这样的人怎么样?"孔子说:"算可以了。(但是)不如虽贫穷却乐于道,纵富有却好礼的人。"

司马迁在此引用了《论语·公冶长篇》中的两章、《子张篇》中的一章和《学而篇》中的两章。就内容而言,《论语·公冶长篇》中的两章值得关注:

【原文】

子贡问曰:"赐也何如?"子曰:"女,器也。"曰:"何器也?"曰:"瑚琏也。"

【译文】

子贡问说:"我是一个什么样的人?"孔子说:"你像一件器皿。"(子贡)说:"什么样的器皿呀?"(孔子)说:"(宗庙祭祀时盛粮食的贵重器皿)瑚琏。"

何晏《论语集解》中引用了包咸注,解释说:"瑚琏是盛黍稷的器物。夏朝称瑚,商朝称琏,周朝称簠簋。是一件珍贵的宗庙器皿。"子贡被孔子比作贵器。

然而,值得注意的是,《论语·为政篇》中有一句名言:"君子不器。"因此,皇侃《论语义疏》认为,器物有各自的用途,瑚琏虽为贵器,但也不能用于任何地方。江熙也因此认为是子贡挨孔子批评了,意思是,瑚琏在宗庙中是贵器,但不适合百姓使用。你(子贡)是个能言善辩的人,衣冠楚楚参与国家大事,就被认为是特别优秀的,但你却不一定能干好杂务。朱熹《论语集注》则解读为虽然子贡还没有达到不止步于成为一个特定容器的君子之境,但仍是一种贵器。

我认为,子贡和孔子的相似之处在于他们都善于处理实际事务。孔子把他的实践能力归功于他年轻时的卑微,并认为君子可以像"器皿"一样,用途不受限制。说"君子不器",孔子脑海里浮现的君子可能是颜回。在《公冶长篇》"闻一知十"章节中,子贡说自己不如颜回,不过司马迁引用时省略了后面部分:

【原文】

子谓子贡曰:"女与回也孰愈?"对曰:"赐也何敢望回?回也闻一以知十,赐也闻一以知二。"子曰:"弗如也,吾与女弗如也。"

【译文】

孔子对子贡说:"你和(颜)回比,谁更加出色?"(子贡)回答说:"我怎么敢像回(一样)呢?颜回听说一个道理,能够悟出十个道理,我听说一个道理,(只不过)能明白两个道理。"孔子说:"比不上他啊。我和你(都)比不上(回)啊。"

换言之,孔子说自己也不如颜回。朱熹对圣人说这些话感到困惑,将其读作"吾许女弗如",并特别解释为:"我认可你不如(回)的见解。"朱熹能够如此解读,可见他的学术能力很强。但如果老老实实地按字面解读,意思就是孔子害怕子贡,也害怕颜回,因为颜回拥有他所没有的东西。孔子对颜回的过高期望也由此而来。对于孔子的期待,颜回做了很好的回应。我还认为,孔子反倒会对像他自己一样聪明的子贡很苛刻。子贡也很好地回应了这一点,并改进了自己。

在字词差异方面,《子张篇》值得关注。关于询问孔子拜谁为师的人,何晏《论语集解》说是卫国大夫公孙昭,司马迁这里却说是陈子禽询问的。接着,与《学而篇》一样,询问孔子为何"必闻其政"的也是子禽。何晏《论语集解》中引用郑玄注解释说,"子禽就是弟子陈亢"。如果他是弟子,问孔子拜谁为师就很奇怪了,所以通常认为这是司马迁《史记》里的错误。然而,如后所述,司马迁向孔安国学习的《论语》是《古论》,它与承袭《鲁论》的何晏《论语集解》不尽相同。因此,这并不能说是司马迁写错了,而是源于本质上的一些区别。

再先说回子贡。

在《仲尼弟子列传》后面,司马迁把子贡描绘成一位伟大的游说家,而《论语》和《左氏春秋》并无相关记载。司马迁之所以以故事的形式塑造了子贡的这一形象,可能是为了对抗在战国后期搅动国际政治的纵横家,以此说明儒家也可以在国际政治中发挥积极作用,就像孔子曾经在夹谷之会中大显身手一样。子贡善辩,善辩到孔子"常黜其辩"。故事讲的是子贡如何大展拳脚的过程。故事很长,我只列举结尾的总结部分:子贡这一出使,保全了鲁国,扰乱了齐国,打败了吴国,使晋国强大而使越国称霸。子贡一次出使,打破了各国原有的局势,十年当中,齐、鲁、吴、晋、越五国的形势各自发生了变化。子贡擅长囤积居奇,看准时机,转贩货物谋取利润。他喜欢称赞别人的长处，也不隐瞒别人的过失。曾出任过鲁国和卫国的宰相，家中积累千金，最终死在齐国。

司马迁的结论是，子贡不仅极具外交能力，还作为鲁国和卫国的宰相参与内政，并善于经商，积累了大量的财富。

《论语》中说子贡"亿则屡中"，长袖善舞。不过，上述故事可能源于儒家为了与其他学派对抗假借子贡之名杜撰出来的。因为连《春秋左氏传》中也没有出现子贡作为纵横家的活动记载，说明这类故事一直到战国后期才逐渐形成。

综上所述，儒家并非孤立地发展自身的思想理论。即，它是在与其他学派交流的过程中逐渐发展完善的。这里的其他学派指的是西汉末年刘向、刘歆命名的"诸子百家"。下面将基于《论语》来探讨儒家对抗其他学派的方式。

四、诸子百家与《论语》

儒家对其他的诸子学派抱有浓厚兴趣,这一点可以从《论语·为政篇》中的如下论述中看出:

【原文】
　　子曰:"攻乎异端,斯害也已。"
【译文】
　　孔子说:"研攻异端杂学,不过带来危害罢了。"

何晏《论语集解》认为这是说异端是有害的,因为落脚点不一样。换言之,它们的目的与儒家不同。皇侃《论语义疏》和邢昺《论语注疏》进一步将"异端"具体解释为诸子百家之书。对此我表示赞同。

不同的是,朱熹《论语集注》引用杨朱、墨子的思想,以及程子的言论,认为异端是指佛教。但在孔子的时代,佛教还没有传入中国。佛陀和孔子被认为是大致同时代的人物。即便如此,深受禅宗影响的朱子学仍需通过孔子声明佛教是异端邪说。

朱子提到了墨子。墨子学说与儒家接近,并称为"儒墨"。也许正因为如此,墨子才严厉地抨击儒家。墨子是春秋末期到战国初期的鲁国人,主张"兼爱"。虽然受到孔子的影响,但墨子的兼爱,强调的是一种无差别的平等之爱。

相比之下,孔子的"仁爱"因讲须推己及人,由近及远,爱有等差,被墨子批评为"有差别的爱"。孔子维护的是以宗族制度为基础的周朝礼政合一的封建制度,这种制度将具有相同祖先的人群,即氏族置于社会的基础之上。从氏族制度的内部向外辐射时,孔子提出的仁爱之力会变得越来越弱。因为它更重视有血缘关系的人,而不是其他人。这与墨家的"兼爱""尚贤"恰恰相反,墨家宣扬一视同仁地关爱所有人,打破氏族制度的枷锁,不分贵贱地提拔贤能之人。孔子为氏族制度辩护,强调支撑周朝氏族制度的宗法(祭祀祖先、同性不婚等宗族应遵守的规范)属于礼,对礼的崩坏不能容忍。

《论语》中有许多章节批判以下犯上有悖于礼的行为,例如《八佾篇》开篇中有如下内容:

【原文】

孔子谓季氏:"八佾舞于庭,是可忍也,孰不可忍也?"

【译文】

孔子批评季氏,说:"在(家庙的)庭院中表演(明明是陪臣,却用了只有天子或鲁国公才能用的)八佾之舞,如果对这样的事情也能够容忍,那么还有什么事情是不能够容忍的呢?"

八佾是一种横竖各八人，共六十四人跳的舞蹈，该礼仪只有天子和鲁国公才有资格使用。孔子严厉批评鲁国大夫季孙氏在家庙庭院里用八佾之舞的僭越行为。此前，季孙氏已经实际掌握了本该由鲁国国君行使的权利。儒家认为维护身份等级就是维护礼，与墨家"尚贤"观相对立。

此外，墨家基于兼爱主张"非攻"，即反对战争。然而，他们不是通过不战来反战，而是反对非正义的战争，肯定防御。墨家还强调"节俭"，要节省避免浪费。具体而言，它提倡"节葬"，即简化丧葬仪式，避免在祭礼上铺张浪费。这一观点与重视祭祀祖先的儒家相对立。《论语·阳货篇》中探讨了儒家的观点，坚持认为在父母去世后应守丧三年（郑玄认为指二十七个月）：

【原文】

宰我问："三年之丧，期已久矣。君子三年不为礼，礼必坏；三年不为乐，乐必崩。旧谷既没，新谷既升，钻燧改火，期可已矣。"子曰："食夫稻，衣夫锦，于女安乎？"曰："安。""女安，则为之！夫君子之居丧，食旨不甘，闻乐不乐，居处不安，故不为也。今女安，则为之！"宰我出。曰："予之不仁也！子生三年，然后免于父母之怀。夫三年之丧，天下之通丧也，予也有三年之爱于其父母乎！"

【译文】

宰我问："守孝三年，即便是一年也已经够久了。君子三年不去实践礼仪，礼仪必然荒废；三年不去演奏音乐，音乐必定荒疏。陈谷既已吃完，新谷又已登场，钻木（生火用的木材）取火（但木材的种类也是一年一换），一年也就可以了。"孔子说："（一年后）你就吃香喷喷的白米饭，穿漂亮的锦缎，你能觉得心安吗？"（宰我）说："能心安。"（孔子说：）"你觉得心安，那你就这么做吧！君子守丧时，吃美味不觉得香甜，听音乐不觉得快乐，住在家里不觉得安适，所以才不做这些事情。你既然觉得心安，便去做好了！"宰我退了出来。（孔子）说："宰予真不仁呀！小孩子生下来，三年以后才能完全脱离父母的怀抱。（为父母）守孝三年，本就是天下（各种身份）通行的丧礼。宰予难道就没有（得到）他父母的三年爱护吗！"

这段话与教科书中收录的故事不同，此处展开讨论。宰我（名予）的观点似乎并非出自宰我本人，反而像是借他之口说出的来自墨家的诘问。换言之，他认为"期"（一年）就足够了，否则三年的丧期会破坏礼乐制度。最后，儒家的主张通过孔子之口说出来，即不守丧三年是不孝，因为人在三岁（因为是虚岁，所以在日本算两岁）之前无法离开父母的怀抱。

类似这样借宰我之口提出墨家的观点，再让孔子对其进行反驳，《论语》正是通过这种形式抨击其他学派，树立儒家自己的观点的。换言之，《论语》并不是单纯收集孔子处世之道的著作，还是儒家对抗其他诸子学派的依据。

继墨家之后，儒家的发展受到了道家的阻碍。道家遵奉《老子》，反对儒家的道德，认为它是一种不自然的人为产物。《老子》的思想核心是"道",它认为道生万物、养万物、灭万物,道本身就是超越生死而存在的宇宙天地之法。并且,为了遵循"道",必须摒弃人为,无为自然地生活。基于这种哲学思想,道家提倡无为而治,并教导人们在乱世时要避世隐退,以此作为处世之道。

《论语》中也有许多篇章强调了能够与道家抗衡的"道"的重要性。这些将在讨论何晏《论语集解》时提及,在此先列出《微子篇》中有关隐士的观点:

【原文】

子路从而后,遇丈人,以杖荷蓧。子路问曰:"子见夫子乎?"丈人曰:"四体不勤,五谷不分。孰为夫子?"植其杖而芸。子路拱而立。止子路宿,杀鸡为黍而食之,见其二子焉。明日,子路行以告。子曰:"隐者也。"使子路反见之。至,则行矣。子路曰:"不仕无义。长幼之节,不可废也。君臣之义,如之何其废之?欲洁其身,而乱大伦。君子之仕也,行其义也。道之不行,已知之矣。"

【译文】

子路跟着(孔子),却远远落在后面,碰到一个用拐杖挑着竹器的老者。子路问说:"您看见我的老师了吗?"老者说:"四肢不劳动,五谷也不种(的男人),怎么能算老师呢?"说完,便扶着拐杖去锄草。子路拱着手站着。(老者)便留子路到他家住宿,杀鸡、做黍(饭)给子路吃,又叫他两个儿子出来相见。第二天,子路离开后,(向孔子）报告了这件事。孔子说:"（那位老者）是位隐士。"叫子路返回去拜会他。子路到了那里,（老者）却离开了。子路便说:"不做官就没有（君臣之）义了。（但）长幼之间的关系是不能废弃的,（那么）君臣之义又怎么能不管呢?（老者）想要洁身自好就乱了大道理。君子出来做官,是为了践行大义。至于道已经行不通的问题,早就知道了。"

在这里,故事的展开也不同于教科书中喜闻乐见的内容。具体而言,子路遇到背着竹器的老者,他批评孔子说:"四肢不劳动,五谷也不种（的男人）,怎么能算老师呢?"他让子路住在自己家里,让他见自己的两个孩子。第二天,当子路告诉孔子时,孔子说"是隐士",并把自己的想法告诉子路。子路去拜访老者的时候,他不在家,子路就对两个孩子说道:"不做官就没有（君臣之）义了。（但）长幼之间的关系是不能废弃的,（那么）君臣之义又怎么能不管呢?（老者）想要洁身自好就乱了大道理。君子出来做官,是为了践行大义。至于道已经行不通的问题,早就知道了。"这是通过子路转述孔子的话,阐明了儒家的立场。

由此可见《论语》也尊重"道",也承认"道"行不通。而且还指出隐士守护父子相养之"义"而不践行事君之"义"之间的矛盾,以此批判道家。在理解道家思想的基础上,通过指出其内在矛盾驳斥了道家的主张。

如上所述,《论语》接纳了与儒家并存的其他诸子学派的思想,并阐述了自身对这些思想的看法。尽管《论语》的主要内容是徒子徒孙收集来的孔子言论，但仍可以将它理解成是儒家学派的共享资料，是该学派"传承"下来的"言论"。这就是《论语》被称为"传"或"语录"的理由。

最终，秦国统一了"战国七雄"，开始推崇法家。法家宣扬韩非子所总结的君权绝对性，以及以法律为基础的赏罚原则。在此不妨稍微转换一下视角，以东汉班固所著《汉书·刑法志》为例，关注它如何利用《论语》对付法家：春秋的时候，王道逐渐被破坏，政教风化不能实行。子产为郑国宰相时曾铸刑书（于鼎上）。……轻薄的政治，就从这里开始蔓延。孔子对此感到哀痛，就说："用政令来训导他们，用刑罚来整顿他们，百姓只免于（犯罪），却没有廉耻之心。用道德来引导他们，用礼制来约束他们，百姓有廉耻之心，归于正道。"

对中国第一位制定成文法的这位子产，班固的评述来自于《论语·为政篇》中的这段话：

【原文】

子曰："道之以政，齐之以刑，民免而无耻。道之以德，齐之以礼，有耻且格。"

【译文】

孔子说："用政令来训导他们，用刑罚来整顿他们，百姓只免于（犯罪），却没有廉耻之心。用道德来引导他们，用礼制来约束他们，百姓有廉耻之心，归于正道。"

朱熹《论语集注》将"格"解释为"至"，但在《礼记·缁衣》

中记载的却是:"夫民,教之以德,齐之以礼,则民有格心。"后面加了"心","格"解释成"正"。朱熹故意将其读作"至",是为了强调自己对修养的尊重,修养就是"为自己的错误行为感到羞愧,从而进一步向善"。

在《论语》中,有三章提到了子产,孔子每次都对他大加赞赏。这里班固引用的却是重德教轻刑罚的这段"子曰",就好像是孔子在批评子产制定中国第一部成文法的行为一样。像班固这样,儒家通过强调《论语》中孔子之言以达到反对法家的目的。

班固熟读《论语》,《论语》在《汉书》中被运用得淋漓尽致。例如,在《夏侯胜传》中的运用:夏侯胜和黄霸因受到某事件的牵连而入狱。黄霸想跟夏侯胜学习《尚书》,但夏侯胜以犯罪将死为由拒绝了。黄霸说:"朝闻道,夕死可矣。"夏侯胜认为这句话很有道理,于是给他讲授了《尚书》。

两人后来都得救了,因此可能有人听说过这段故事,但班固将狱中两人的对话描述得如身临其境一般。两位面临死刑的儒者受到《论语》里孔子之言的鼓舞,在狱中研读《尚书》。班固利用《论语·里仁篇》这一章出色地诠释了两位儒者对经典的感情。

到了东汉,经学研究的重点转移到了如何使用《论语》的问题,即诠释史。关于这一点,本书将在分析郑玄的《论语注》之后再进行阐述。

在此之前,先通过看司马迁读过的《论语》,来进一步探讨《论语》的形成过程。

第 三 章

孔子是否读过《易经》
—— 《论语》的形成与"三论"

一、司马迁的《太史公书》

"学而时习"之书

公元前145年，司马迁诞生于龙门（今陕西省韩城县）。父亲司马谈精通天文学、周易和道家。十岁时，父亲教他认字，阅读经典。不久在长安，他拜董仲舒为师，学习以《春秋公羊传》等为主的儒学著作。

二十岁时，司马迁来到齐国和鲁国学习儒教礼仪，参观国家祭祀场所，考察历史遗迹。《史记》（《太史公书》）中《孔子世家》所载的彼时见闻给《论语·学而篇》开篇第一章带来了一些独特的解读：

【原文】

子曰："学而时习之，不亦说乎？有朋自远方来，不亦乐乎？人不知，而不愠，不亦君子乎？"

【译文】

孔子说："学了，然后在适当的时候去复习它，不也高兴吗？有朋友从远方前来拜访，不也快乐吗？别人不了解（自己），我却不怨恨，不也是君子吗？"

何谓学而时习"之"？何晏《论语集解》引用王肃的观点，解释为"时者，学者以时诵习之"，因此"之"一定是指可以读的东西，即书籍，具体指的是《诗经》和《尚书》。朱熹未对此提出质疑，因此可以认为他对"古注"的这条解释没有异

图6 《史记》（明代·汲古阁本） 渡边义浩提供

议。日本学者荻生徂徕则特别关注"之"的含义，认为在孔子没有具体提到"学习"对象的情况下，就是指学习"先王之道"。换言之，"之"就是"先王之道"，即"安民之道"，也就是治国之道。

据说，司马迁去鲁国时拜谒了孔子墓以及庙里陈设的车、衣服、礼器等遗物，还看到儒者们在孔子故居按时学礼的情景。这段"太史公曰"的汉语原文有一句是"诸生以时习礼其家"，可见司马迁所记根据是《论语·学而篇》。换言之，司马迁将时习"之"理解为时习"礼"。其依据是，即使在孔子去世约三百七十年后，儒生仍在时常学习礼仪。这是司马迁在实地调查的基础上得出的解释，令人信服。

出任太史令

司马迁为官后，奉汉武帝之命安抚四川至云南各地的少数民族，之后回到京城。当时他的父亲太史令司马谈病危，对无法参加泰山封禅大典深表遗憾，并留下遗言，要他记录明君、忠臣、义士的事迹。

司马迁成为太史令后，太初元年（公元前104年）开始撰写《太史公书》（《史记》）。太史令是太常下设的一个官职，俸禄为六百石，其职责包括掌管天文历法，还负责管理图书、纂修历史，可见司马迁并非是在公务之余撰写的《太史公书》。记录历史是太史令职责的一部分。尽管如此，《太史公书》仍被视为"私史"或"私家撰著"，是因为它是由个人撰写的，有别于后世史馆编撰的"正史"。

虽然司马迁没有接到皇帝的诏令，但他以太史令的身份阅读了保存于皇宫的各种官方资料，并在太史的官署里撰写《太史公书》。

所谓天道，是邪非邪

不久，司马迁因替李陵将军败降匈奴之事辩解而被罢免了太史令。当时，大汉对匈奴处于守势，财政状况日益困难，也有一些公卿（大臣）内心反对与匈奴开战。其中一人安排司马迁接受武帝召见后，司马迁为败降于匈奴的李陵进行了辩护。

武帝之所以震怒，可能是因为在司马迁辩护的背后，隐含着朝中官员对反击匈奴之战的将领，尤其是对宠妃李夫人之弟李广利的批评，乃至对匈奴政策本身的批评。为了封杀这些批评，武帝下令对司马迁执行完全出人意料的极刑（死刑）。

当时《太史公书》尚未完成。司马迁被处以宫刑（阉割生殖器的刑法），以代替死刑。这是他唯一的生路。最终，武帝得知李陵在战斗中拼尽全力，后悔不已。为此，司马迁才得以在受刑后以宦官身份成为中书令，继续撰写《太史公书》。《太史公书》初稿完成于征和二年（公元前91年），共历时十三年。

《太史公书》中列传的第一部分是《伯夷列传》，它起到了与末尾的《太史公自序第七十》相呼应的特殊作用。清代章学诚将伯夷列传定位为整部《史记》的"文眼"。在《伯夷列传》中，司马迁质问道："这天道到底是合理还是不合理呢？"

与普通传记不同，《伯夷列传》是以司马迁的序言为开篇的。序言指出，《诗经》和《书经》中记录了传说中的圣王尧、舜、禹的禅让故事。但《庄子》开篇却提到，据说尧曾试图把天下交给许由，但遭到拒绝，而在禹建立的夏王朝时期，务光也曾拒绝过。接着，司马迁说许由、务光的故事并未记录在经孔子删定的《诗经》《书经》之中，并引用《论语》指出孔子提到的是伯夷、叔齐：

【原文】

子曰："伯夷、叔齐，不念旧恶，怨是用希。"（《论语·公冶长篇》）

【译文】

孔子说："伯夷、叔齐不记旧仇，因而怨恨也就几乎没有了。"

【原文】

曰："求仁得仁，又何怨？"（《论语·述而篇》）

【译文】

（孔子）说："（伯夷、叔齐）求仁德，便得到了仁德，又有什么可怨恨的呢？"

第三章　孔子是否读过《易经》　103

司马迁对孔子说伯夷和叔齐不怨恨的话表示怀疑。他说，自己为伯夷的想法感到悲伤，看到他们创作的怨愤之诗后，就对孔子的言论产生了怀疑。

接着，司马迁否定了其父司马谈所推崇的《老子》中"天道常与善人"的观点。伯夷和叔齐指责周武王不忠，身为殷朝臣子却打算讨伐纣王，但被武王无视了。殷朝灭亡后，他们耻于吃周朝的食物，躲进首阳山，以野草充饥，最终饿死。颜回那么好学，却英年早逝，大恶人盗跖横行天下，却长命百岁。司马迁列举他们的命运，感慨自己遭宫刑之祸，质问道："这天道到底是合理还是不合理呢？"

以记录求救赎

司马迁从列传开篇就对董仲舒、孔安国所教授的孔子言论表示怀疑，对父亲推崇的《老子》之言也提出质疑，这并不合常理。那么，司马迁的写作意图究竟是什么？以至于他在列传的开头就写了这些内容？

司马迁在《伯夷列传》中最重要的观点写在传记的结尾，他引用了《论语》中的这句话：

【原文】

子曰："君子疾没世而名不称焉。"(《论语·卫灵公篇》)

【译文】

孔子说:"君子担心去世之后名字不为人们所称颂。"

司马迁在引述孔子的话之后,又说伯夷、叔齐二人都因孔子的赞扬而传名于后世,使其命运的悲剧得以弥补。司马迁结合自己遭受宫刑的悲剧,对孔子的话提出了质疑。接着,他在批判《老子》的同时,被迫发出"这天道到底是合理还是不合理呢?"的呐喊,强调这种命运造成的人间悲剧,需要通过记录传承给后世来弥补。

因此,司马迁尝试以孔子编撰的《春秋》为模板来记录历史,并以"太史公曰"来表达自身观点。他撰写《太史公书》是为了亲手赋予每个人人生的意义,并将该记录留给后人。这在《太史公自序》中,司马迁表述得很清楚,愿将《太史公书》"藏之名山,副在京师,俟后世圣人君子"。

人的命运受天摆布而虚幻无常,但人的力量可以战胜它。为了证明这一点,司马迁效仿孔子在《春秋》中将"春秋之义"加入史官记录里的做法,在传给后人的记录中加入了自己以"太史公曰"形式出现的价值判断,并传于后世。这既是司马迁撰写《太史公书》的目的,亦是动力所在。

如前所述,司马迁在《太史公自序》中说,之所以写《孔子世家》,是因为孔子通过重建王道以及经术匡正乱世,造福天下,为后世留下了六艺的统绪纲纪。如此一来,司马迁就挽救了孔子坎坷的命运。以世家的身份为孔子立传传之后世,这是儒家学者司马迁对孔子"君子疾没世而名不称焉"的回答。

换言之，虽然司马迁在引用孔子言论后有所质疑，却试图通过以《太史公书》续写孔子的《春秋》来克服这种质疑。

《春秋》的写作动机

孔子与《春秋》本无关联，二者的联系始于《孟子》所述。司马迁是"春秋公羊学家"董仲舒的弟子。因此在《孔子世家》中，他对孔子撰写《春秋》的契机和动机描述如下：鲁哀公十四年（公元前481年）春，鲁哀公在大野狩猎。叔孙氏的车夫鉏商猎获一只（奇怪的）野兽，（因为是未曾见过的野兽）认为是不祥之兆。细看之后仲尼（孔子）说："这是麒麟。"（孔子）说："黄河上不见神龙负图出现，洛水上不见神龟负书出现，我也要完了啊！"……孔子说："君子担心去世之后名字不为人们所称颂。我的主张不能推行，我还能靠什么在后世留下名声呢？"于是根据史官的记录撰写了《春秋》。上起（鲁）隐公，下至哀公十四年，一共是十二位（鲁国）君主（的记录）。（该书）以鲁国为中心，以周朝为亲承的前朝（宗室），以殷朝为隔代的散旧，贯通（夏、商、周）三代。它的文辞简洁，而旨意广博。吴国、楚国的国君自称为"王"，而《春秋》却把他们贬称作"子"。（晋文公举行的）践土会盟实际上召来了周天子，而《春秋》却为避讳此事，写道："天王（周王）狩于河阳。"孔子推展这种写法，以此标准评判、纠正当世。责备、褒贬的大义，等待日后有圣王出现，将其宗旨发扬光大。《春秋》的大义如果能够得到推行，那么天下的乱臣贼子便都害怕了。

孔子看到本应出现在太平盛世的麒麟在乱世被擒后死去（简称"获麟"），感叹自己的道路走到了尽头。《伯夷列传》中也引用了孔子"君子疾没世而名不称焉"之言，基于这一观点，司马迁认为孔子作《春秋》是为了留名于后世。这是孔子写作《春秋》的初衷。

当时，孔子将史官的记录作为《春秋》的素材。"史记"的原意就是"史官的记录"。换言之，司马迁的《太史公书》是否被称为《史记》，直接关系到一个本质问题，即《史记》是一部继承《春秋》的思想著作？还是一部收集"史官记录"的史书？如前所述，直到东汉灵帝末年，这本《太史公书》才被称为《史记》。从那时起，司马迁的著作才开始逐渐被视为史书。

此外，孔子"作"《春秋》的说法也表明了司马迁的儒者立场。《论语·述而篇》中有如下记载：

【原文】
　　子曰："述而不作，信而好古，窃比于我老彭。"
【译文】
　　孔子说："阐述但不制作，相信并喜爱古代文化，我私下把自己比作老彭。"

根据皇侃《论语义疏》，"述"是传述旧典，"作"是制定新的礼乐。只有圣人才能"制作"。换言之，《论语》中的孔子，并没有把自己当作圣人。

第三章　孔子是否读过《易经》

然而，在司马迁向董仲舒学习的"春秋公羊学"中，孔子却"制作"了《春秋》，完善了礼乐制度。换言之，与《论语》编撰时代相比，孔子的地位提升了。到东汉末年何休的《春秋公羊传解诂》，认为孔子在《春秋》中预言了"圣汉"的建立，总结了"春秋之义"并展示了"王者之法"。司马迁所说的"后世圣人君子"指的就是汉朝皇帝。换言之，在东汉，儒教已逐渐变成了国教。

还应注意的是，司马迁以具体事例解释了什么是"春秋笔法"。吴国夫差和越王勾践都自称"王"，但《春秋》并不承认他们，只被称为"子"（王之下依次为公、侯、伯、子、男），只是排位倒数第二的诸侯。可以做对照的，是鲁国国君被称为"公"。由此可见按照"春秋之义"，他们都不配称"王"。同样，就史书而言，将未成为帝王的项羽列入"本纪"，将非诸侯的孔子列入"世家"，这些都是违例的，但它们却是司马迁通过自己的思想之作《太史公书》展示出来的"义"（正确的原则）。

如上所述，司马迁的《太史公书》是继承孔子《春秋》精神的思想巨著。

因获麟而搁笔

《后汉书·班彪列传》引《后传》（班彪为《太史公书》续写的史书，《汉书》的原形）的《略论》说，司马迁叙事的范围是"上自黄帝，下讫获麟"。关于获麟一事，《后汉书》

中附有李贤注，写道："武帝太始二年（公元前95年），登上陇首，捕获白麟。司马迁一直在创作《史记》，但这一年他停笔了（就像孔子因获麟而停止写《春秋》一样）。"

司马迁撰写的《武帝本纪》没有流传下来，因此无法直接确认《史记》是否因太始二年的获麟而停笔。然而，《史记》一百三十卷《太史公自序》中也提到："于是卒述陶唐以来，止于麟止，自黄帝始。"写明了因获麟而搁笔。此外，《汉书·武帝纪》中也有一篇关于太始二年获麟的故事。

关于孔子在哀公十四年因获麟而停写《春秋》一事，《春秋公羊传》和何休注写道，孔子听到获麟后感慨地说："吾道穷矣。"接着，《春秋公羊传》论述了以隐公为始，以哀公为终的《春秋》的创作缘由：

【春秋公羊传】君子为何要作《春秋》？因为没有什么比《春秋》更适合治理乱世，使之回归正道的了。

【何休注】获麟之后，上天在鲁国的端门降下一封血书，说："快作法，圣人孔子要去世了……，（今后）秦国的政（始皇帝的名讳）将兴起，胡（亥，二代皇帝）破坏道术，书籍散失（焚书坑儒的预言），但孔子（的《春秋》）不会绝迹。"……孔子仰推天命，俯察时变，却观未来，豫解无穷，得知汉朝将在大乱之后取而代之，因此制作了治理动乱之法并传授给汉朝。"（《春秋公羊传注疏》哀公十四年，译文）

当然，何休的注释成书于东汉末年，很难说司马迁向董仲舒所学的春秋公羊学的解释就与其一致。即便如此，在春秋公羊学中，故事梗概仍然是孔子从获麟中感受到周朝的衰亡，

第三章　孔子是否读过《易经》

并以此为契机开始撰写《春秋》。如果钻研春秋公羊学的司马迁因获麟而辍笔，那么说明司马迁预见了汉朝的衰亡，于是决定效仿孔子的《春秋》，著《太史公书》以留传后世，阐述平定乱世之法，留待未来的帝王。

事实上，《史记·太史公自序》中有如下记载：总计一百三十篇，五十二万六千五百字，定名《太史公书》。……（本书）综合了《六经》各家的不同解释，整理了百家杂语（而成），（为使原书不遗失而）藏于名山，副本留于京师，留待后世圣人君子观览。

最后一句"俟后世圣人君子"（原文），沿袭的是《春秋公羊传·哀公十四年》中的"制春秋之义，以俟后圣"。当然，司马迁也明确地表示自己的《太史公书》并非《春秋》，否则就形成了对汉朝的诽谤。因此，司马迁既没有像司马光的《资治通鉴》那样，从战国时代开始续写《春秋》，也没有沿用编年体。尽管如此，只要获麟事件发生在汉武帝时期，司马迁对汉武帝时期的政治预示着什么便不言而喻。

失传的《武帝本纪》

关于司马迁撰写的《武帝本纪》的失传原因，有一种说法是被汉武帝删了。汉武帝在诏书中引用过《春秋公羊传》，知道春秋公羊学的内容。他很可能明白《武帝本纪》以获麟结尾的含义。

汉明帝是东汉第二位皇帝，他在请《汉书》作者班固评价司马迁的诏书中，批评司马迁写《史记》本应"名垂后世"，却以"微文"（微言大义，间接批判）贬损当今世道，并非"谊士"（恪守大义、笃行不苟的人）。汉明帝准确地指出了司马迁在用"春秋笔法"批评汉武帝。

在《伯夷列传》中，司马迁问道："所谓天道，是邪非邪？"这是针对大义之士伯夷、叔齐被饿死的悲惨遭遇发出的疑问。司马迁说出这番话也是有感于自己的惨痛经历，他做了为李陵辩护的正义之举，却被汉武帝施以宫刑这种最屈辱的刑罚。

司马迁把自己比作撰写《春秋》的孔子，写下《太史公书》是为了用自己的笔让后人记住那些高义之士，如果不写，那么等待他们的就是默默被遗忘的命运。他通过批判世道的无序，描绘理想的世界。这就是《太史公书》的本质。在《汉书·艺文志》中，它被列入"春秋家"类。

因此，在《太史公书》中出现的孔子言论并不是司马迁随意引用的。即便如此，如果其中的措辞与通行本《论语》不同，那么仍可以认为司马迁看到的孔子言行录有别于在《鲁论》基础上形成的通行本《论语》。

二、孔子是否读过《易经》

《太史公书》中引用的《古论》

根据《汉书·艺文志》的描述,司马迁生活的汉武帝时期是"三论"并存的时代。"三论"包括传承下来的《鲁论》《齐论》,以及据说跟孔安国有关的《古论》。"三论"最明显的区别在于最后的《尧曰篇》,但在《太史公书》(《史记》)中引用的孔子言行录中,并没有包含《季氏篇》和《尧曰篇》。即便如此,依旧可以从《史记》所引的孔子言行录的特点来探讨它的来源。

司马迁不仅向董仲舒学习"春秋公羊学",还向孔安国学习"古文经学"。古文学指的是采用汉以前的文字(古文)书写的经典及其诠释学。与此相对,口传的经典及其诠释则称为"今文经学",它们是用汉代盛行的一种文字(今文),即隶书书写的。《汉书·儒林传》中记载了司马迁学习古文经学的情况:孔氏(的家里)有古文的《尚书》,孔安国解读后改成了今文。于是发掘孔氏家的逸书，找到十多篇。《尚书》似乎比这些要多。（但是汉武帝因冤案杀害皇太子的）巫蛊之案发生了，（古文经学因这场混乱）尚未立于学官。孔安国是谏大夫，教授都尉朝（古文），并且司马迁也向孔安国询问过训诂（文字的解释）之事。司马迁《太史公书》所载的《尧典》《禹贡》《洪范》《微子》《金縢》等多篇文章，多为古文经学的观点。

这段《汉书》记载的是司马迁询问过古文《尚书》（书经）的训诂问题，并没有明确指出他学习过《古论》，因此有必要进行具体考证。那么，《史记》中引用的孔子言行录与《鲁论》系的《论语》相比有何不同呢？

是否读过《易经》

如后文所述，《张侯论》是通行本《论语》的蓝本（祖本），刘修（卒于五凤三年，公元前55年）墓出土的定州《论语》被认为是《鲁论》系《张侯论》的未定稿，但定州《论语》并未提及孔子读过《易经》。

而在何晏《论语集解》或相当于其底本（基础）的郑玄《论语注》中，孔子是读过《易经》的：

【原文】
　　子曰："加我数年，五十以学《易》，可以无大过矣。"（《论语集解》述而篇）

【译文】

孔子说:"我(的年龄上)再加几年,到五十岁学习《易经》,就不会犯大的过错了吧。"

郑玄《论语注》解释:四十五六岁的孔子爱读《易经》并坚持不懈地学习,那么如果五十岁学习《易经》,就能掌握其中的道理。何晏《论语集解》也认为,《易经》是一部研究阴阳哲理,探讨万物本性以知达天命的书籍;孔子五十而知天命(知命),在知天命之年读知达天命之书,因此未犯什么大错。

与此不同的是,定州《论语》"易"为"亦",孔子这句话是:

……以学,亦可以毋大过矣。

定州《论语》的解释可能是,年近五十岁的孔子,如果再多读几年书,就不会再犯大错了。这么看,孔子就变成没有学过《易经》了。《述而篇》的上述部分是《论语》中唯一一处以"易"作为书名的地方。如果真是"亦"而不是"易",那么孔子学《易经》的说法就不成立。

对于上述措辞的差别,唐代陆德明《经典释文》(解释儒家经典文字音义的书)指出:"《鲁(论)》读'易'为'亦'。如今遵从古(论)。"换言之,在唐代,人们知道《鲁论》用"亦",《古论》用"易"。《张侯论》是在《鲁论》基础上参考《齐论》编定而成的,如果定州《论语》是《张侯论》的未定稿,那么就不会使用《古论》中的"易"字。

另一方面,关于孔子读《易经》一事,司马迁《太史公书·孔子世家》中记载如下(仅孔子言论部分为汉语原文):孔子晚年喜欢《易经》……,因为孔子(多次)阅读《易经》,致使(编联竹简的)皮绳都断了三次(韦编三绝)。(孔子)曰:"<u>假我数年</u>,若是,我于易则彬彬矣。"

由于划线部分的"假我数年"与通行本《论语》的"加我数年"相对应,因此可以认为在司马迁看到的孔子言行录中,孔子是读了《易经》的。可见,《史记》所引的孔子言行录来自后来被称为《古论》的《论语》。

负责儒家形而上学的《易经》

秦始皇以法家思想统治国家。刘邦打败项羽后建立的汉朝(西汉,约公元前202年至约公元8年),则将基于《老子》无为思想的黄老学说作为国家政治统治的核心,将法的绝对性进行了正当化。《老子》思想中有儒家思想中缺少的存在论和形而上学。为了填补这些空白,儒家将《周易》作为经典,并编撰了《易传》(以儒家的方式诠释《易经》的解说书),将道家的"道"哲学纳入自己的思想体系之中。

例如,马王堆汉墓中葬着长沙国丞相(行政长官)利苍(?年至公元前186年)及其妻子。该墓葬出土了帛书(写在绢帛上的文书)《周易》的《易传》,它是现存《易经》的《彖传》

（卦辞的注释）的原型。

如上所述，《易经》最初是一部对占卜记录进行汇总并整理的书籍，与儒学毫无关系。直到战国末西汉初，《易经》才逐渐被纳入儒学经典之中。因此，从历史事实来看，孔子不可能把《易经》作为经典来阅读。然而，为了对抗黄老思想，儒家必须说孔子读《易经》读得很透彻，甚至让该故事成了"韦编三绝"这一成语的词源。

《古论》之新

司马迁看到的孔子言行录是《古论》，其中记录了孔子读《易经》的内容，这说明《古论》更能应对儒学发展过程中所需的经学发展，但并不意味着《古论》的形成时间比《鲁论》或《齐论》更"古老"。由西汉末的刘向和刘歆最终推广的古文经学，利用它的后发优势，其内容往往能够顺应当时的政治形势。即便在刘向和刘歆之前，古文经学可能也有类似的倾向。

也许正因为如此，《古论》的文本才与《鲁论》和《齐论》不一样。皇侃《论语义疏》的序言中列出了《古论》的篇次，今本第十篇的《乡党篇》是《古论》中的第二篇，今本第六篇的《雍也篇》则是《古论》中的第三篇。此外，根据《经典释文》所引的东汉初年桓谭《新论》的记载，《古论》与《鲁论》《齐论》的文字差异之大，多达"四百余字"。

那么，《史记》中引用的孔子言行录是否与之有足够的文字差异，足以被称为《古论》呢？

《古论》之古

在何晏《论语集解》中，仲弓（冉雍）向孔子问"仁"，但在《太史公书》仲尼弟子列传中，他问的却是"政"，得到的回答与《论语》中的有所不同。以下内容摘自《仲尼弟子列传》（列出汉语原文以便比较[1]）：

【原文】
　　仲弓问政，孔子曰："出门如见大宾，使民如承大祭。在邦无怨，在家无怨。"

【译文】
　　仲弓问政，孔子说："出门时如同去见贵宾一样，役使百姓时如同承办重大祭典一样。在诸侯国时不会被人怨恨，在卿大夫家里也不被人怨恨。"

何晏《论语集解》颜渊篇第二章则记载如下：

【原文】
　　仲弓问仁。子曰："出门如见大宾，使民如承大祭。

---

[1] 日文原稿中出现汉语原文+汉文训读文+现代日语译文的部分，统一省略汉文训读文，简化成汉语原文+现代中文译文，以避免重复。——译者注

己所不欲,勿施于人。在邦无怨,在家无怨。"仲弓曰:"雍虽不敏,请事斯语矣。"

【译文】

仲弓(冉雍)问仁。孔子说:"出门时如同去见贵宾一样,役使百姓时如同承办重大祭典一样。自己不想要的东西,就不要强加给别人。(如果这样的话)在诸侯国时不会被人怨恨,在卿大夫家里也不被人怨恨。"仲弓说:"我虽然愚笨,但也会按照您的话去做。"

与《仲尼弟子列传》相比,《颜渊篇》第二章多了波浪线部分的"己所不欲,勿施于人"。何晏《论语集解》卫灵公篇中也引用了"己所不欲,勿施于人"的名言:

【原文】

子贡问曰:"有一言而可以终身行之者乎?"子曰:"其恕乎!己所不欲,勿施于人。"

【译文】

子贡问说:"有没有一句可以终身奉行的话呢?"孔子说:"大概是'恕'吧!自己不想要的东西,就不要强加给别人。"

"恕"在《里仁篇》中也解读为"忠恕",曾子认为孔子之道是"一以贯之"的,"恕"的具体表现就是"己所不欲,勿施于人"。在《颜渊篇》第二章中,孔子被问及"仁",这样的回答十分恰当。

孔子在《仲尼弟子列传》中被问及"政",在《颜渊篇》第二章中却被问及"仁",这可能是因为夹在"问仁"章节之间的缘故,如《颜渊篇》第一章中有"颜渊问仁",第三章中有"司马牛问仁"。

此外,在《仲尼弟子列传》中,孔子被问及"政"时,回答中从"出门"开始的政治性内容,让人联想到《春秋左氏传·僖公三十三年》中的"仁"。在下述引文中,仅两者共通之处用的是汉语原文:早些时候,(晋国的)臼季作为使者经过冀地,看到冀缺在田里劳作,他妻子给他送饭。彼此恭敬的样子,像主人和客人一样。于是他带冀缺回国,向晋文公推荐冀缺,说道:"恭敬是德行的集中表现。懂得恭敬的人必定有德行。德行能够用来治理人民,请君王用他。臣听说:'<u>出门如宾,承事如祭</u>,仁之则也。'"

在《春秋左氏传》中,引用的古语"出门如宾,承事如祭"涉及德政,被视为"仁之准则"。因此,在类似的句子后面加上"己所不欲,勿施于人",作为孔子关于"仁"的回答就显得恰如其分了。

不过,与《仲尼弟子列传》相比,《颜渊篇》第二章中的前十二字和后八个字之间显然因插入了"己所不欲,勿施于人"而出现了衔接问题。换言之,《颜渊篇》第二章中,孔子回答"仁"的问题时,插入了"己所不欲,勿施于人",对比《仲尼弟子列传》中,孔子回答"政"的问题,讲的是"出门"之后的政治性内容。由此,我认为后者保留了更古老的表达。

《鲁论》系的各种版本是现代通行本《论语》的蓝本。相比之下，《史记》所引的孔子言行录既有较新的部分，如孔子读《易经》的内容，又保留了接近于"原论语"形式的古老部分。因此，《史记》所引的孔子言行录与《鲁论》系《论语》之间存在差异，不能将其中一个视为另一个的蓝本。此外，两者之间又存在许多几乎一样的例子，这表明《史记》所引的孔子言行录也有许多与《鲁论》系《论语》相同的部分。由此，我的判断与《经典释文》对"易"字的推断结果以及清代学者臧琳的观点一致，《史记》中引用的孔子言行录来自《古论》。

三、定州《论语》与《鲁论》

何谓定州《论语》

1973年，考古人员在河北省定州市八角廊村中山怀王刘修的陵墓中发现了《论语》的抄本（副本），称定州《论语》。该抄本早于敦煌、吐鲁番等地出土的郑玄《论语注》，是厘清《论语》传承过程的珍贵资料。遗憾的是，这些竹简遭受了盗掘时的火烤，整理过程中又因唐山大地震而受损散落，再加上其他的人为破坏，原件已经遗失，只有一些照片流传下来。即便如此，河北省文物研究所定州汉墓竹简整理小组仍刊印了官方释文，以《论语：定州汉墓竹简》之名出版（文物出版社，1997年）。

墓主中山怀王刘修卒于西汉宣帝五凤三年（公元前55年），那么定州《论语》抄本出现的时间应该会更早。根据考古报告记载，与《论语》有关的竹简有六百二十余枚，大多均是残简，前后缺失。竹简长16.2厘米，相当于汉代的七寸，宽0.7厘米。每片竹简上写有19至21个文字。已解读的文字有7576个，还不到通行本《论语》字数的一半。虽然《论语》二十篇均保留了下来，但各篇的字数不尽相同。据说《学而篇》最少，仅 20 个字，而《卫灵公篇》则多达 694 字，相当于通行本中《卫灵公篇》字数的 77%。

关于定州《论语》的谱系，有人提出《齐论》说、《鲁论》说、《古论》说，也有人认为它是在上述"三论"之外的其他系统的《论语》。其中，最权威的观点是高桥均在《经典释文论语音义的研究》（创文社，2017）中提出的《鲁论》说。我则进一步认为它是《鲁论》系《张侯论》的未定稿。

如前所述，《论语》有三个版本：《鲁论》二十篇、《齐论》二十二篇和《古论》二十一篇。最终张禹的《论语》（《张侯论》）流传最广，它是在《鲁论》的基础上参考《齐论》后形成的。据《论语义疏》何晏序中所附的皇侃疏记载，西汉苞氏（包咸）、周氏（名不详）根据《张侯论》制作了章句（解释）。据《经典释文》的叙录记载，东汉郑玄《论语注》也是以《张侯论》为底本的。

《张侯论》的成书时间最终可被认定为初元年间（公元前 48 至公元前 44 年），即向太子（后来的成帝）教授《论语》的期间。因为一旦教授太子《论语》，字词就不能改动了。因此，从时间上看，定州《论语》不可能是《张侯论》的定稿。这或许可以解释为什么罕见有研究将定州《论语》与《张侯论》联系起来考虑。

不过，定州《论语》是《张侯论》未定稿的可能性依旧存在。在完成版问世之前，张禹已经自创了"文"（文本）和"章句"（解释）。由于广受好评，才于甘露年间（公元前 53 至公元前 50 年）得到了其他儒者的推荐。在张禹声名鹊起之时，公元前 55 年去世的中山怀王刘修手中有一些张禹尚未定稿的手稿抄本，也就不足为奇了。因为刘修身居高位，以至于有机会能够得到最新版抄本。该书深受好评，不久用于教授太子。

用于确定谱系的《尧曰篇》

在《汉书·艺文志》中，不仅"三论"的篇数不同，而且根据班固自注（自己加的注释），还传下了比《鲁论》二十篇更多的篇名。关于《古论》二十一篇，书中写道："出孔子壁中，两《子张》"。换言之，在孔子（旧宅）的墙壁中发现的《古论》中，除了《子张篇第十九》之外，还有一篇《子张篇》，这样就比《鲁论》二十篇多了一篇。此外，关于《齐论》二十二篇，书中写道"多《问王》《知道》"，意思是除了《鲁论》二十篇之外，还有《问王篇》《知道篇》。

其中，《古论》中的第二篇《子张篇》，据何晏《论语集解》序的记载，就是《尧曰篇第二十》中的第二章和第三章。通行本《论语》的最后一篇《尧曰篇》只有三章，第一章和第二章之间的内容中断，第二章以"子张曰"开头。

根据何晏《论语集解》对《尧曰篇》第一章的解释，孔子是尧舜"二帝"，以及夏禹王、商汤王、周武王"三王"的继承者。这与《孟子·尽心章句下》最后一章中对"道统"之链的描述有异曲同工之妙。即，自尧舜至商汤王历五百年，自汤王至周文王历五百年，自文王至孔子历五百年，孔子是这一"道统"的继承者。然而，很显然，孔子有王者之德，但他并不是开国之君。那么，为什么有王者之德的孔子，却没有取得世俗上的成功呢？

在《尧曰篇》的第三章，即通行本《论语》的最后一章中，有如下解释：

【原文】

孔子曰："不知命，无以为君子也。不知礼，无以立也。不知言，无以知人也。"

【译文】

孔子说："不懂得天命，就不能成为君子。不懂得礼仪，就不能立身于世。不懂得分辨话语，就不能辨识人的善恶。"

如果不懂天命，就不能说自己是一个君子。这里讨论的是"天命"的重要性。换言之，《论语》最后这一章是说孔子有做君王的美德，但他没能成为"二帝"或"三王"那样的开国之君，是因为"天命"。这与《论语》开篇孔子所说的"人不知，而不愠，不亦君子乎"相呼应。君子是知天命的人，即便别人不知道自己是"二帝"和"三王"之德的继承者，也不会感到怨恨。

如果孔子本人听到这番话，想必会大吃一惊吧。《论语》通过这种直白的论调，告诉我们孔子作为"二帝"和"三王"

之德的继承者，是因"天命"而成为"素王"。在我看来，这个结尾堪称妙笔生花。在我的印象中，对孔子的这种定位与《孟子》或"春秋公羊学"，即齐国地区盛行的儒学观点十分接近。这可能是因为我受下述康有为的观点的影响而有一些先入为主。

清末康有为在《论语注》中认为，上述第三章属于《齐论》。原因是：《经典释文》中存留的《尧曰篇》第三章郑玄注写道："《鲁论》中无此章，今从古。"郑玄认为它属于《古论》。但康有为认为，因为"今文"的《韩诗外传》中引用了"不知命，无以为君子也"，因而这不会是"古文"。

定州《论语》的《尧曰篇》

定州《论语》的《尧曰篇》，在第二章之后用两个圆点与上一章隔开，第三章为26个字，用小字双行书写。而且虽然有第三章，但章数简上却写着"约两章，约三百二十二字"。通行本《论语》的《尧曰篇》第一章为152字，第二章为191字，共343字。考虑到字数的接近程度以及篇数，该章数简指的是《尧曰篇第二十》的章节数。

换言之，原本的定州《论语》是缺少第三章的。根据郑玄注，定州《论语》就是《鲁论》。如果第三章属于《齐论》，那么我认为定州《论语》这部分是从《齐论》转抄的，因此书写方式与原文不同，变为小字双行的形式。并且《汉书·张禹传》中记载，《张侯论》是以《鲁论》文本为基础，参照《齐论》

进行修改考订之后形成的。

综上所述，定州《论语》是《鲁论》系的《论语》，接近于郑玄《论语注》、何晏《论语集解》版本，它在末尾与《齐论》相对校，用小字双行的形式加了《尧曰篇》第三章。事实上，与接下来要考察的《汉书·董仲舒传》和《春秋繁露》所引的《齐论》系孔子言行录相比可知，定州《论语》已经完成了"取其精华，去其糟粕"的过程，这与郑玄《论语注》或何晏《论语集解》中对《齐论》的处理办法一致。

基于上述研究，在发现新资料之前，我有一个初步结论，认为定州《论语》就是《张侯论》的未定稿。

四、《春秋繁露》与《齐论》

《尧曰篇》第三章与《齐论》

如上所述，通行本《论语·尧曰篇》由三章构成，《鲁论》只有前两章，《齐论》则包含了第三章。那么，在《鲁论》基础上参考《齐论》编定的《张侯论》形成之前，如果存在沿用《论语·尧曰篇》第三章的奏议文，那么撰写该文的作者所看的《论语》就是《齐论》。

《汉书·董仲舒传》中收录了被称为"天人三策"的奏议文，其中有沿用《论语·尧曰篇》第三章的论述，下列仅《论语》部分为汉语原文：董仲舒又回答道："臣听《论语》上说，'<u>有始有卒者，其唯圣人乎</u>'。如今承蒙陛下恩宠，您聆听我们这些接受过传统学问的臣子的意见，又颁下高明的册书，切合其中的意义，彻底地研究圣德。（但这）不是愚臣的能力所能详细陈述的……。安心处于善道，然后乐于遵循道理做事；乐于遵循道理，然后叫作君子。所以孔子说'<u>不知命，亡以为君子也</u>'，就是这个意思。"

尽管有"亡"与"无"的一字之差，但语义是一样的，显然，划线部分的"不知命，无以为君也"引自《尧曰篇》第三章。如果该奏议文是真实的，那么说明生活在汉武帝时期的董仲舒读过《齐论》，因为他生活在《张侯论》成书之前。

然而，《汉书·董仲舒传》中的"天人三策"并非出自董仲舒本人，上述波浪线部分"有始有卒者，其唯圣人乎"（《子张篇》）写明引自《论语》，从中也可推出同样的结论。这是《史记》和《汉书》中唯一一次在汉武帝时期以前点出《论语》书名并引用文章。

据福井重雅《汉代儒教的史学研究》（汲古书院，2005）的研究，《董仲舒传》中"天人三策"的原始祖本是《董生书》，见于《汉书·艺文志》中的"仲舒所著……凡百二十三篇"。并且，《董生书》并非完全由董仲舒本人撰写，而是在他去世之后，由其弟子和后世学者根据他生前所著的"上疏、条教"等重新编撰而成的。

《董仲舒传》中的《论语》

为了证明该奏议文所引根据的是《齐论》，除了《尧曰篇》第三章一例之外，还需要考察《董仲舒传》中所有涉及《论语》的引文。津田左右吉已经将这些引文与通行本《论语》进行了比较，结果表明引文几乎遍及二十篇。具体而言，引《为政篇第二》（两次）、《八佾篇第三》（两次）、《里仁篇第四》（一次）、《公冶长篇第五》（一次）、《述而篇第七》（三次）、《颜渊篇第十二》（一次）、《子路篇第十三》（一次）、《卫灵公篇第十五》（一次）、《微子篇第十八》（一次）、《尧曰篇第二十》（两次）。津田分析的结果是："董仲舒所用的《论语》的内容、篇章的划分以及顺序均与现存版本几乎完全相同"。

然而，仔细考察后会发现，《董仲舒传》所引《论语》有别于现存的《鲁论》系列。比较《董仲舒传》所引《论语》和定州《论语》后可知，定州《论语》才是更接近于《论语集解》的文本，而《论语集解》承袭自《鲁论》系《张侯论》。

董仲舒的老师中没有《齐论》的传承人，董仲舒学派也不在《齐论》系学者之列，但董仲舒钻研的"春秋公羊学"却是"齐学"的代表，董仲舒及其传人极有可能传播了《齐论》。因此，我们不妨将视野从《汉书·董仲舒传》扩大到董仲舒及其传人所著的《春秋繁露》，考察该书对孔子言行录的引用。

《春秋繁露》与《齐论》

《春秋繁露》不仅包括作者董仲舒撰写的部分，也包含许多后世学者对它的补充。《春秋繁露》中引用孔子言行录的地方有26处，其中18处与《论语集解》中的字词有出入。顺便提一下，《春秋繁露》中没有出现"论语曰"，甚至没有出现"论语"二字。而《汉书·董仲舒传》的"天人三策"中有"论语曰"，足见其特殊性。

由此推测,《春秋繁露》的作者们在引用孔子言行录时,引用的是某些书籍,而并不是将自己背诵过的话随便地用进去。在此先举出何晏《论语集解》中的两个连续的章节,其中,阿拉伯数字为《述而篇第七》的章节数。

【原文】

26 子曰:"圣人,吾不得而见之矣。得见君子者,斯可矣。"

【译文】

孔子说:"圣人,我是不可能见到了。能够见到君子,就可以了。"

【原文】

27 子曰:"善人,吾不得而见之矣。得见有恒者,斯可矣。亡而为有,虚而为盈,约而为泰。难乎,有恒矣。"

【译文】

孔子说:"善人,我是不可能见到了,能见到始终如一的人,就可以了。(无法始终如一的人)没有却装作有,空虚却装作充盈,穷困却装作富足。要保持始终如一真难啊。"

在第 26 章中,孔子说:"圣人,我是不可能见到了。能够见到君子,就可以了。"在第 27 章中,孔子继续说:"善人,我是不可能见到了，能见到始终如一的人，就可以了。"并说道："（无法始终如一的人）没有却装作有，空虚却装作充盈，穷困却装作富足。要保持始终如一真难啊。"他解释了作为一个人，保持始终如一的重要性。

定州《论语》对这一部分的叙述如下，括号内标明竹简序号：

子曰：圣人，吾弗得而见之矣。得见君子者，斯可矣。（一六九）

子曰：善人，吾弗得而见之矣。得见有恒者，斯可矣。（一七〇）

……而为有，虚而为盈，约而为泰，难乎，有［恒矣］。（一七一）

虽然有一部分残缺，但除了把"不"变成"弗"之外，句子是完全一样的。在秦以前的语法中，"弗"和"不"是分开使用的，"弗"用于否定不带宾语的及物动词以及介词，除此以外的否定则用"不"。定州《论语》中可以看到这种用法上的区分，这与先秦时期的汉语语法相一致。由此可知，定州《论语》是《鲁论》系的古早版《论语》。

而《春秋繁露》则在下述两篇中引用了此章。为清楚起见，我只列出汉语原文，并加了阿拉伯数字序号：

孔子曰："善人，吾不得而见之。得见有恒者，斯可矣。"

由是观之，圣人之所谓善，未易当也。①（《春秋繁露·深察名号》）

善人，吾不得而见之。②（《春秋繁露·实性》）

《春秋繁露》在不同篇章中引用了完全相同的句子。在26处引文中，有8处在文字上与《论语集解》完全吻合。这表明，《春秋繁露》中引用的某些孔子言行录可能引自《齐论》。

有趣的是，在《春秋繁露》上述序号①中，"由是观之"（由此看来）后面接着"圣人之所谓善，未易当也"（圣人所说的善，很难掌握），此孔子被称作"圣人"。而在前面所引第26章中，孔子说"圣人，我是不可能见到了"，可见孔子不以为自己是圣人。两者联系起来看，难道《春秋繁露》忽略第26章是故意为了把孔子塑造成圣人吗？

还有一种观点，朱子将第26章、第27章视为一章，在《论语集注》中指出第27章的"子曰"是误加的。但荻生徂徕、安井息轩等人认为原来就是两章。随着定州《论语》的出土，我们得知当时它们确是两章，且都有"子曰"。此外，如果《春秋繁露》引用的孔子言行录是《齐论》，那么从《春秋繁露》的①②引用方法以及论述方式来看，《齐论》可能缺少第26章。

下面将对《春秋繁露》中表现出与《鲁论》系列之间明显差异的章节进行分析。

字词的区别

在《春秋繁露》中引用的孔子言行录,字词不同于《鲁论》系《论语集解》。此处列出何晏《论语集解》中《论语·子罕篇》的汉语原文:

【原文】

唐棣之华,偏其反而。岂不尔思,室是远而。子曰:"未之思也,夫何远之有哉。"

【译文】

(诗中说:)"唐棣的花儿呀,翩翩地摇曳啊,难道我不思念你吗?只是住得太遥远了。"孔子说:"还是没有(真的)思念呀,(真的思念的话)没有什么是遥远的。"

何晏注释道:"这是一首轶诗。唐棣指的是栘。"轶诗,未编入《诗经》的诗:"唐棣的花儿呀,翩翩地摇曳啊,难道我不思念你吗?只是住得太遥远了。"对此,孔子评价道:"还是没有(真的)思念呀,(真的思念的话)没有什么是遥远的。"

《春秋繁露》中引用的孔子言行录,则对其描述的原文如下:

诗云,棠棣之华,偏其反而。岂不尔思,室是远而。子曰,未之思也。夫何远之有。由是观之,见其指者不任其辞。不任其辞,然后可与适道矣。(《春秋繁露》竹林第三)

"棠棣"也是"栘"。与何晏《论语集解》不同，《春秋繁露》这里明确指出这是"诗云"，是引自《诗经》。

在通行本《论语》中，也有两处引用"诗云"。在此举出有著名典故"切磋琢磨"的章节：

【原文】

子贡曰："贫而无谄，富而无骄，何如？"子曰："可也。未若贫而乐，富而好礼者也。"子贡曰："《诗》云：'如切如磋，如琢如磨。'其斯之谓与？"子曰："赐也，始可与言《诗》已矣，告诸往而知来者。"（《论语·学而篇》）

【译文】

子贡说："贫穷却不谄媚，富有却不骄纵，这样的人怎么样？"孔子说："算可以了。（但是）还不如虽贫穷却乐于道，纵富有却好礼的人。"子贡说："《诗经》（卫风·淇奥）上说：'如切（骨），如削（象牙），如琢（玉），如磨（石）。'就是这样的意思吧？"孔子说："赐呀，现在可以同你讨论《诗经》了，告诉你之前的事情，你就能领会（我还没说到的）后面的意思了。"

切磋琢磨的典故出自《诗经·卫风·淇奥》里的诗。上述通行本《论语》中写有"诗云"，也引用了诗，因此《春秋繁露》所引也不是随意加的"诗云"。换言之，它引用的是有别于现存《鲁论》系列的《论语》。

解释的区别

清末民初的儒学家苏舆在《春秋繁露义证》中提到,《春秋繁露》中引用的孔子言行录是《齐论》。他指的是下述章节的部分。以下汉语原文摘自何晏《论语集解·里仁篇》:

【原文】
子曰:"苟志于仁矣,无恶也。"
【译文】
孔子说:"真的立志追求仁,就不会有什么恶行。"

何晏把"苟"解释为"诚",认为"诚心立志追求仁的人,(其他方面也)不会有什么恶行"。郑玄则把"苟"解释为"假如",认为"假如立志追求仁,就不会有什么恶行"。

而《春秋繁露》所引的孔子言行录如下:

苟志于仁,无恶,此之谓也。(《春秋繁露》玉英第四)

与何晏《论语集解》相比,它少了"矣""也"语气词,多了"此之谓也"四字,从引文的逻辑来考虑,它可以解读为:"如果立志追求仁,就不会作恶,说的就是这个意思。"换言之,《春秋繁露》引用这一章时,将"苟"解释为"如果",意思是如果是立志追求仁,总没有坏处,但这不是仁。

至于为什么解释不同,苏舆认为"此乃《齐论》之说"。

第三章 孔子是否读过《易经》

确实有道理。《汉书·艺文志》中记载，《齐论》与《齐说》一起流传下来。不仅"论"（正文）的措辞不同，而且"说"（解释）也不同，这一点是《春秋繁露》所引的《论语》是《齐论》的证据之一。

《鲁论》的创意

如果《春秋繁露》中引用的孔子言行录是《齐论》，那么也可以通过对比来分析现存《鲁论》系文章的特点。这次先从《春秋繁露》说起。为了便于对比，引用《论语》的地方用阿拉伯数字标注：

【原文】

孔子谓冉子曰："治民者，先富之而后加教。"①语樊迟曰："治身者，先难后获。"②以此之谓治身之与治民，所先后者不同焉矣。（《春秋繁露·仁义法篇》）

【译文】

孔子对冉子说："统治百姓的人，要先使百姓富有，然后再施以教化"。对樊迟说："管理自己的人，要先经历困难而后获得。"用这样的话说明管理自己和管理百姓，要先做的事和后做的事不同。

此处的引文①和②分别见于何晏《论语集解》中的《子路

篇》《雍也篇》。先分析引文②。何晏《论语集解》中《雍也篇》的相关段落如下：

【原文】
　　樊迟问知，子曰："务民之义，敬鬼神而远之，可谓知矣。"问仁，曰："仁者先难而后获，可谓仁矣。"

【译文】
　　樊迟问智。孔子说："致力于民（的教导），尊敬鬼神但远离它，就可以算是智了。"（樊迟）问仁。（孔子）说："仁德之人先做难事而后收获（功劳），就可以算是仁了。"

《春秋繁露》引用的孔子言行录认为"治身者"应"先难后获"，《春秋繁露》的叙述部分也是根据这一解释并结合上述引文①加以论述的。即，何晏在《论语集解》中视为"仁"的"先难而后获"，在《春秋繁露》被视为"治身"的"先难后获"。但在我看来，如果只是"先难后获"，孔子是不会将其称为"仁"的。因为何晏《论语集解》给我的印象是在滥用"仁"。换言之，《春秋繁露》中引用的孔子言行录可能是更早的文本。

　　总之，我认为与有关孔子"仁"这一核心思想的内容不同，《春秋繁露》中所引用的孔子言行录有别于《鲁论》系的郑玄《论语注》以及何晏《论语集解》，它应是另一种谱系的《论语》，即《齐论》。

　　由于《春秋繁露》同时表达了"治民"和"治身"，那么再来分析引文①。何晏《论语集解》中《子路篇》相关段

落如下:

【原文】

子适卫,冉有仆。子曰:"庶矣哉!"冉有曰:"既庶矣,又何加焉?"曰:"富之。"曰:"既富矣,又何加焉?"曰:"教之。"

【译文】

孔子到卫国去,冉有驾车。孔子说:"(百姓)真是多啊!"冉有说:"已经人口众多了,下一步再做些什么呢?"(孔子)说:"让他们富起来。"(冉有)说:"已经富有了,下一步再做些什么呢?"(孔子)说:"教化他们。"

两者相比,虽然内容一样,但表达却大不相同。《春秋繁露》中仅给出了孔子"先富之而后加教"的一句话。而《论语集解》是先说明"孔子到卫国去,冉有驾车"的情景之后,才引出了孔子的话。冉有问:"已经人口众多了,下一步再做些什么呢?"孔子回答:"让他们富起来。"冉有又问:"已经富有了,下一步再做些什么呢?"孔子回答:"教化他们。"

通行本《论语》的基础是《张侯论》,该书是为了教导年幼的皇太子(之后的汉成帝)而编撰的。差异的形成,可能是张禹为了太子方便理解而修改了措辞,这一点十分令人玩味。

出土的《齐论》

如上所述，在"文"（文本）和"说"（解释）方面，《春秋繁露》中引用的孔子言行录与《鲁论》系的《论语集解》以及郑玄《论语注》都不一样。同时，鉴于《汉书·董仲舒传》中引用的《尧曰篇》第三章的内容，那么只要它们依据的都是传世资料，《春秋繁露》和《汉书·董仲舒传》引用的孔子言行录就很有可能是《齐论》。

即便引用的不是《齐论》，通过以《论语集解》为参照，两者所引与定州《论语》相比较，显然也能发现定州《论语》整体上更接近于《鲁论》一脉。并且，《尧曰篇》第三章在定州《论语》中用小字、双行进行记录，这表明定州《论语》是以《鲁论》为基础，用《齐论》校对之后的版本。虽然从墓葬的年代来看，无法认定定州《论语》是《张侯论》的完成版，但它显然具备了《张侯论》的特点。至少只要现有资料显示，《张侯论》是《齐论》与《鲁论》相结合的唯一体现，那么定州《论语》在《论语》传承过程中的地位就应该通过它与《张侯论》之间的关系来确定。

这是文献学所能达到的极限，而考古学一下子打破了这些限制。

2016年，中国江西省文物考古研究所公布，从葬有西汉第九代皇帝刘贺（废帝）的江西省南昌市海昏侯墓里出土的竹简中发现了《齐论》。破译后发现竹简上书写的是《智（知）道篇》。这些竹简正反两面都有文字，其中包含以前未知的一章，以"子曰"开头。虽然这些竹简内容尚未全部公布，但随着破译工作的进展，新的《论语》形成过程也将揭晓。即便如此，我仍然想要展示从文献学角度可以推断出的范围。

据杨军、王楚宁、徐长青《西汉海昏侯刘贺墓出土〈论语·知道〉简初探》（《文物》，2016-12，2016）的研究，左侧的竹简为章题简，经考证可解读为"（智）[知]道"，右侧的竹简是其反面，简文作："[孔]子智（知）道之易（易）也，易易（易易）云者三日。子曰：'此道之美也，莫之御也。'"确实，除去"子曰"[1]后的文章就是从"知道"开始的，可以认为该竹简是《齐论》，因为《齐论》与《鲁论》相比，多出了《知道篇》《问王篇》。

据陈侃理《西汉海昏侯刘贺墓出土〈论语〉"曾皙言志"简初释》（《文物》，2020-6，2020年）的研究，在对《先进篇》曾皙谈理想的一部分内容进行解读之后，他发现一直存有争议的"浴"字写作"容"[2]，可以做出新的解释。随着研究新成果的出现，《齐论》的内容将逐渐清晰起来。

---

1 结合竹简内容，此处应是除去"孔子"后的文章从"知道"开始。——译者注

2 "浴"字在海昏简本中作"容"，读作"颂"（颂、容在古书中通用），对今本的"浴乎沂"做了新的解释。——译者注

第 四 章

寻求没有矛盾的体系
——郑玄的《论语注》

一、儒教的国教化

董仲舒的天人感应论

从《论语》分为《鲁论》《齐论》《古论》"三论"开始，一直到以《鲁论》为基础编撰《张侯论》为止，这期间儒教在汉帝国中的地位不断提升。在此先对这一过程稍作回顾。

一般认为，儒教的国教化是由汉武帝时期的董仲舒首倡的，他提出在太学（国立大学）设五经博士，儒教由此成了国教。然而，这是盲目相信了班固《汉书》中对董仲舒的赞美而产生的误解。司马迁生活在汉武帝时期，曾拜董仲舒为师，但《史记·董仲舒传》中却并未见其记录。

《史记·董仲舒传》共318字。《汉书·董仲舒传》增补为7225字，约为前者的23倍。从字数上也可看出后者并不是一般的"修改"。增补的内容包括"天人三策"，即建议设五经博士，罢黜百家，独尊儒术。传统的观点认为，汉武帝采纳了上述建议，立儒教为国教。然而，这里面出现了不符合时代背景的表达"《论语》曰"。此外，第二策里康居国（塔什干附近）的名称，最早由张骞在汉武帝末年传入，董仲舒当年还不知道它的存在。因此，"天人三策"不太可能是董仲舒在汉武帝时期上奏的文章。

不过，虽然董仲舒使儒教成为国教并非事实，但毫无疑问，儒家自汉武帝时期开始崛起。公孙弘和张汤是最早成为丞相的儒生，他们因用儒学包装汉武帝偏爱的法家思想而受到重用。然而，正因为董仲舒是一个怀才不遇的政治家，无法实现自己的理想，才可以从中看到儒家思想内容的深化过程。

董仲舒主张天人感应论，通过天的权威使天子的统治合理化。人体的12个大关节和366个小关节与一年的月份和天数相对应。此外，五脏（肝、心、脾、肺、肾）对应五行（金、木、水、火、土），四肢（双手双脚）对应四季（春、夏、秋、冬），人的觉醒和睡眠相当于白昼和黑夜。如上所述，人体是一个小宇宙，具备天的所有要素，人与天密不可分。因此，居于人类顶端的天子如果行善，上天就会降下麒麟、大丰收等祥瑞以示嘉奖；如果天子无道，上天就会降下地震、日食、洪水等灾异予以谴责。由此，上天履行了降生天子的责任。

在董仲舒的天人感应论中，天拥有至高无上的主宰地位，它既让天子的统治合理化，又对天子的统治进行评判。在此，儒学完成了成为宗教的准备，这种宗教拥有一个被人格化的主宰神，即"天"。换言之，儒学原本不是宗教，但它在使天子的统治合理化的过程中宗教化了。

通过纬书确立儒教

董仲舒的天人感应论虽然将天子的统治合理化了，但并没有使特定的国家正统化。于是，出现了纬书，目的是为了让汉朝统治成为正统。经书的"经"指纵线，即人生哲理。而"纬"则指横线，纬书就是孔子为补充纵线即经书而写的书[1]。纬书主要是由继承董仲舒学说的公羊学派为了使汉朝合法化而创作的，与真正的孔子无关。

一些纬书只是从字面上对经书进行了解释。然而，大多数纬书都含有谶，即占卜的成分，其中许多还包含预言，如孔子曾预见汉朝建立。采用此方式表达的思想被称为谶纬思想。根据谶纬思想，孔子被视为能够预知未来的神，儒学逐渐转变成了儒教。东汉中后期之后，尤其是在一些东汉末年大量创作出的纬书中，宣扬"汉运将终，应更受命"，认为汉朝气数（天命年数）已尽，为此必须重新接受天命。甚至最后还出现了将王莽登基合法化的纬书，而王莽在"古典中国"形成过程中发挥了重要作用。

王莽的崛起

王莽是汉元帝王皇后弟弟王曼之子。王皇后的儿子成帝在

---

[1] 经书通常指包括"五经"在内的儒家经典。纬书是对经书的附会、阐释和演绎。——译者注

皇太子时期，曾听张禹讲授过《张侯论》。成帝即位后，王皇后的兄弟作为外戚（皇帝的母亲和妻子方面的亲戚）掌权。而父亲早亡的王莽过着清贫的生活。但王莽学习儒教，在家孝敬母亲，敬重叔伯，抚养兄长遗孤，在外结交才俊贤士，并且逐渐得到伯父王凤大将军的提拔，不断荣升，获封新都侯（国号"新"的由来），成为大司马即宰相。成帝驾崩后，汉哀帝即位，他因担心哀帝排斥外戚而辞官隐居。汉哀帝驾崩后，他又重任大司马，拥立汉平帝登基，让自己的女儿做皇后，并通过诛杀反对者掌握了实权。

在开展这些政治斗争的同时，王莽以刘歆为心腹，通过扩大太学来振兴儒学。刘歆与父亲刘向一起参与了成帝时期开始的宫廷图书整理工作，编撰了图书分类目录《七略》。此前我在探讨《论语》形成过程时，经常提及《汉书·艺文志》，该书就是班固在《七略》的基础上增补而成的。刘歆编撰了《七略》，还声称从皇室书库里发现了统称为古文的新的经书，如《春秋左氏传》《诗经毛传》《周礼》。刘歆继而主张应采用古文经学代替当时已经被列为官学的今文经学。王莽称帝后，便以这些古文经典为治国之本。

此外，王莽还利用谶纬思想操纵舆论。相传平帝驾崩后，他拥立仅两岁的孺子婴为皇太子时，恰好井中出现一块白石，上面用红字写道："告安汉公莽为皇帝。"在纬书中，伴随祥瑞出现的预言被称为"符命"。王莽将这些符命视为天意，自称"假皇帝"，并继续利用各种祥瑞。

"古典中国"的形成

许多儒者之所以不反对王莽如此滥用儒教,是因为王莽在夺取政权的过程中保护了儒教,并构筑了以国家祭祀为中心的"古典中国"的基础。在儒教中,君主作为天选之子,需祭祀天地;作为最高统治者皇帝,需祭祀宗庙。由于祭天在京城的南郊,祭地在北郊,故称之为郊祀。王莽规定正月时天子亲自在南郊祭天,冬至的南郊祭天和夏至的北郊祭地则由官员代行(称为有司摄事),从而确立了儒教式天地祭祀礼仪的基础。这种祭祀制度作为中国的古典国家制度,一直延续到20世纪的清朝末期。如今北京的天坛公园、地坛公园均是祭祀天地场所的遗址。此外,宗庙中供奉帝王的祖先、汉朝七庙之制也由王莽所定。由此,王莽逐渐树立起了"古典中国"的形象。

图7 祈年殿(北京天坛公园) 渡边义浩提供

"古典中国"由两个方面构成：东汉章帝时期为形成"儒教国家"而建立的古典国家制度，以及将这些制度合法化的儒教经典。王莽在"古典中国"的形成中功不可没。他积极利用刘歆的古文经学来完善汉朝的国家统治，同时推出了有助于"古典中国"建立的一系列政策。

　　中国的古典国家制度指的是围绕祭天礼仪设立的各种机构和礼法，这些祭天礼仪根据《礼记·王制篇》《周礼》及纬书制定。古典国家制度的提议始于元帝初元三年（公元前46年），翼奉曾奏请设置该制度。成帝时期，南北郊祀被认为是天子最重要的天地祭祀礼法，但哀帝时期出现了反对声音，几经波折。到平帝元始五年，由王莽确立了长安的南北郊祀之礼，从而完成了中国古典国家制度的建立。

"新"的建立与王莽的局限性

　　王莽因塑造了"古典中国"而获得了儒者们的支持。在王莽得到的祥瑞符命中，最重要的是哀章进献给高祖庙的两个铜匮（铜制箱子）。一个箱子上写着"天帝行玺金匮图"，另一个箱子上写着"赤帝行玺邦传予黄帝金策书"。箱子里藏有一份文书，上写"王莽为真天子"，之后甚至还列出了应该成为大臣的人的名字。毋庸赘言，这些名字中包含了哀章自己。由此，王莽正式登基，改国号为"新"。

　　以儒治国的三大支柱是"分封制""井田制"和"学校"。

王莽实行五等分爵制和等级森严的中央官员制度，以实现地方官员的世袭，这是"分封"。在"学校"方面，他在太学中设立古文经学博士，努力宣扬并普及《周礼》《春秋左氏传》。"井田"主张将土地均分，这是儒教的理想。王莽的"井田"政策称为王田制，它效仿周朝的井田法，禁止豪族兼并土地，将土地分给贫民。

王莽的这些政策试图以《周礼》为基础，复兴儒教理想时代即周朝的制度，从儒教的角度来看具有一定合理性，然而，盲目恢复周制却忽视了当时的现实。王田制受到了获得土地的贫民的欢迎，但却遭到了豪族等大土地所有者的强烈反对，因为这损害了他们的利益。此外，在外交上，王莽夺走了根据儒教华夷思想赐予匈奴和高句丽的王印，强加了"降奴服于"和"下句丽侯"的称号，激怒了他们，导致叛离。王莽的立法也缺乏连贯性，比如某项改革一停滞就改成另一项改革，加剧了朝野混乱和猜疑。赤眉起义引发了全国各地豪族的叛乱，在建国仅十五年后，王莽的"新"朝就遭到了灭顶之灾。

东汉"儒教国家"的形成

光武帝刘秀建立了东汉王朝，他是景帝之子长沙定王刘发的后代。到了刘秀这一代，刘氏家族已成为南阳郡的豪族。刘秀曾去太学游学，钻研《尚书》并学习政治。他降服赤眉军，打败盘踞陇西的隗嚣，并消灭了在蜀地称帝的公孙述，之后统一全国，定都洛阳，恢复汉室。统一之后，他采取了缩小军备的政策，剥夺了功臣的兵权，让他们学习儒教。

光武帝利用谶纬思想即位之后，派人整理了将自身即位合法化的纬书。儒家思想转变为带有宗教色彩的儒教，支撑了汉朝统治的合法性，自家也被独尊为国家唯一正统思想。东汉建立的是一个"儒教国家"，儒教不仅在制度上得到尊重，例如设太学博士等，而且还渗透到官僚机构和世家大族中。拥有使国家合法化理论的儒教理论进一步被用于具体的操作层面之中。

王莽完善了汉朝的祭祀制度。光武帝推翻了王莽的统治，本不应遵循这些制度。然而，祭祀是依据儒家经典制定的古典国家制度，上位初期，他根本没有时间重新研究儒教经典，制定新的祭祀方法。因此，东汉"儒教国家"最初继承了王莽制定的祭祀方法，但这也可能将导致国家的正统性遭受质疑。

于是，当统治稳定后，第三代皇帝汉章帝在宫中的白虎观召集儒者，确定东汉的儒教经典，统一经义。这就是白虎观会议，用今文经学重新定位了所谓王莽"元始中故事"的祭祀方法。换言之，为增加权威性，认定它自始至终都是"汉"平帝元始年间制定的祭祀方法。此外，东汉摒弃了被王莽视为官学的古文经学，将今文经学奉为官学，但白虎观会议在调和今古文经典的过程中，努力吸收了古文经学的长处。

如上所述，在东汉汉章帝时期，自西汉至王莽时期建立的古典国家制度得到了儒教经典的支持，东汉的儒教经典也得以确定。换言之，在这一时期，"古典中国"诞生，并实现了儒教的国教化。

东汉的衰落与黄巾之乱

东汉"儒教国家"的地方统治体现在"宽治"上。两汉实施严刑酷法并镇压豪族的势力，如汉武帝重用酷吏的统治方式，因遭到豪族的抵制而一直受阻。与此相反，东汉宽治是利用豪族而非进行压制。具体而言，通过让豪族缴纳本应向农民征收的部分税收，使他们赢得"清""廉"等儒教美德为代表的声望。通过名为乡举里选的官僚选拔制度，那些"清""廉"之人被推荐给中央，成为官僚的候选人。换言之，儒教在具体的统治领域里采取了这种形式，使东汉王朝利用豪族的统治合理化。

然而，从第四代汉和帝开始，东汉的宽治逐渐失灵了。原因在于外戚和宦官（后宫中被阉割的男子）开始参与政治。东汉的许多皇帝寿命都不长，汉和帝之后，不断有年幼的皇帝登基，外戚纷纷掌权。最终，当皇帝们长大成人，试图从外戚手中夺回权力时，宦官就受到重用。这是因为宦官从小和皇帝一起学习、玩耍，皇帝对宦官感到亲近，而宦官也对皇帝绝对忠诚。因此，在东汉出现了外戚和宦官交替掌权的情况。

外戚和宦官经常向地方官员施压，将国家行政私有化，具体而言，就是推荐自己的家族成员或熟人参加乡举里选，逐渐破坏了东汉王朝通过乡举里选拉拢豪族的宽治理念。出身豪门、受儒家思想熏陶的官僚们极力抵制外戚和宦官，但对抗总是以宦官的胜利告终。这是因为宦官深受皇帝的信任，代替皇帝行使了权力的缘故。

宦官制造了党锢之祸。一方面，他们将儒教官僚视为"党人"

（不良同党）并将其驱逐出朝。被逐出朝堂的党人继续抨击宦官。最终，这种抨击升级为针对放任宦官横行的皇帝以及东汉王朝本身，由此诞生了三国时期被称为"名士"的知识分子阶层。

另一方面，宦官通过"党锢之祸"赶走了儒教官僚，完全控制了东汉政权。普通农民的税收负担加重，一切都可由贿赂搞定。奠定三国曹魏基业的曹操之父曹嵩，曾用一亿钱买来了东汉最高官位太尉一职。东汉政局之腐败，以至于连丞相之位都可以用钱买到。在这种社会动荡中，一个名为"太平道"的秘密组织开始崛起。创始人张角用符咒和圣水治病，得到了百姓的支持。张角发动、领导的"黄巾起义"，使东汉进一步走向衰落。

在这场乱局中，出现了一位将汉朝经学研究推向顶峰的学者，他就是郑玄。

二、郑玄与三礼体系

兼修今文和古文

郑玄，字康成，东汉永建二年（127年）生于北海高密县，逝于建安五年（200年）。神奇的是与郑玄齐名的另一位中国大儒者朱熹，于刚好相隔千年之后的庆元六年（1200年）去世。

郑玄年纪轻轻就做了主管役赋的乡官，但他不满足于做芝麻官。二十五六岁时，他不顾父亲的反对，毅然外出游学。起因是北海国相（行政长官）杜密鼓励他到洛阳的太学学习。此后十余年间，郑玄遍访名师，一心求学。

郑玄师从第五元先，学习了《京氏易》、《春秋公羊传》、《三统历》（历法）、《九章算术》（算术书），又跟着张恭祖学习了《周礼》《礼记》《春秋左氏传》《韩诗》《古文尚书》，最后拜入外戚大儒马融的门下。不过，他只见过马融一次，通常都是受教于师兄卢植。卢植是一名"儒将"，著有《礼记解诂》，之后制定了平定黄巾起义的军事策略，三国蜀汉缔造者刘备也是他的门生。《三国演义》虚构了郑玄为被曹操逼入绝境的刘备解围写信给袁绍的故事。可这个故事并非荒诞不经。卢植在抗击董卓后，成为袁绍的军师，郑玄则在卢植死后，在官渡之战中被袁绍招揽为军师，却在赴任的途中病逝了。

马融是古文经学的大家。郑玄在其门下努力钻研古文经学。而第五元先传授的《京氏易》《春秋公羊传》，张恭祖传授的《礼记》《韩诗》都是今文经学。换言之，郑玄是古文经学和今文经学兼修。他的师傅张恭祖本人也是如此。除了教授今文经学之外，他还教授《周礼》《春秋左氏传》《古文尚书》等古文经学。汉代儒教从"专修一经"到兼修古今文学，进而从专学一部经典变成兼学多部经典。郑玄作为东汉经学的集大成者，融合了古今文学，但这并不是简单的融合。因为他尝试将相传由孔子编撰的众多经书系统化，使其不自相矛盾。郑玄的《论语注》也是在这种"郑玄学"体系中写成的。

郑玄的著作是在他离开马融，返乡之后的禁足期间内完成的。禁足是因为延熹九年（166年）发生了"党锢之祸"，反对宦官参政的儒教官僚皆被视为党人，遭受禁锢（禁止参政）。直至中平元年（184年），五十八岁的郑玄才收到赦令，其间他一直在为"三礼"作注。黄巾起义的发生终结了党锢之祸。

黄巾军一度逼近郑玄的家乡，但听说是大儒郑玄居住的地方，便没有进攻。郑玄目睹东汉因黄巾起义而衰落，逐渐形成了新的国家将代替汉朝的革命理论。也许他是想确定汉朝的走向吧。他在前往官渡战场出任袁绍军师的途中去世，享年七十四岁。

三礼体系

在郑玄生活的时代,经书包括《诗经》、《尚书》(《书经》)、《春秋》、《易经》、《礼记》"五经",再加上《论语》和《孝经》,共为"七经"。《诗经》还包括列入学官的今文"三家诗",以及附有毛亨和毛苌注释的古文《毛诗》,前者指的是《鲁诗》(附鲁国申培公传)、《齐诗》(附齐国辕固生传)、《韩诗》(附燕国韩婴传)。同样,《尚书》《春秋》《易经》也分别附有今文经学和古文经学的注释。至于"礼",除了今文《礼记》《仪礼》之外,还包括古文《周礼》(经书本身有今文和古文之别)。此外,纬书也受到推崇,它们由继承了董仲舒学说的公羊学派学者从西汉后半期开始编造而成。换言之,郑玄希望网罗众家,甄别旧学,以成系统,自成一家新学。

郑玄将《周礼》置于该体系之首。他在《周礼》之下设置了同样论述礼的经书《礼记》和《仪礼》,并为《周礼》《仪礼》《礼记》等"三礼"作注。加贺荣治将上述体系称为"周礼体系"或"三礼体系"。郑玄的"三礼注"并非简单地逐一为"三礼"作注,它的最大特点是通过"三礼注"将所有关于礼的经典紧密联系在一起。

郑玄从"三礼"之外的各种经传中寻找关于礼的规定,在礼仪体系中明确所有经书、经传和纬书的定位。最终,所有的经传都被纳入了郑玄的"三礼体系"。从现存的郑玄《论语注》中,也可以看到它们之间的这种联系。

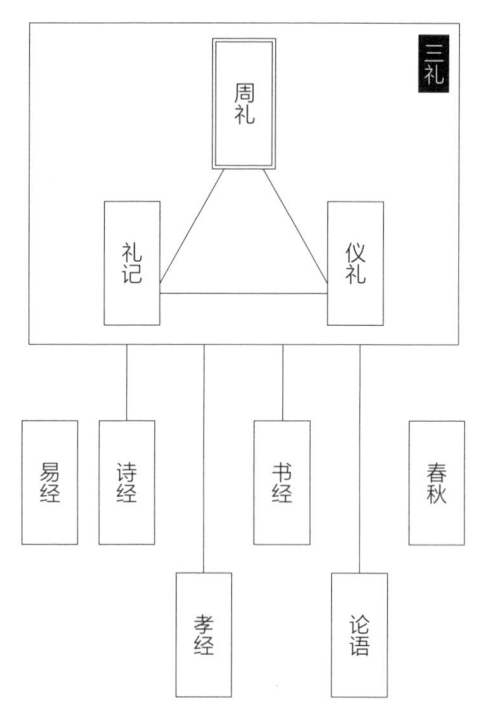

图8 郑玄的三礼体系

六天说与革命

郑玄学的特点是，不仅在于把《周礼》置于最高位，具有高度的统一性和系统性，还在于它尊重纬书，具有高度宗教性。特别是考虑到曾试图超越郑玄的朱熹，相较于他的学说与宗教之间的距离，郑玄学的宗教性就显得尤为突出。因为汉代儒学自董仲舒以来，主张通过主宰者天子的权威来确保政权合法性，这种主张在郑玄学中明显得到了继承。

不过，郑玄学中的天与天子的关系并没有停留在使现存国家合法化的层面上。蔡邕是东汉末年与卢植、郑玄齐名的三位大儒之一，当他与董卓一起被王允杀害时，郑玄在旷野中嚎啕大哭，叹道："汉世之事，谁与正之！"郑玄预见了汉朝的衰亡，提出新国家应革新汉朝的理论，同时主张天的特殊定位，即"六天说"。

郑玄的"六天说"解释了看似永恒的"圣汉"为何会走向终结。他还认为"圣汉"的终结并不意味着要建立一个以儒教之外的宗教和价值观为基础的国家，比如选择黄巾军宣扬的中黄太乙信仰（以黄老思想为本的宇宙神）。换言之，郑玄通过"六天说"指出，取代汉朝的国家也必将以儒教思想为基础。

郑玄的"六天说"以"感生帝说"为前提。"感生帝说"认为，接受天命的各国始祖一般出生都非同寻常，他们的母亲在感受到异象后才受孕生下他们。相传周始祖后稷的母亲姜嫄踩了上帝脚印的大拇指后怀胎才生下了他。郑玄解释说，后稷是留下脚印的感生帝（上帝、天）的孩子。据纬书记载，留下脚印的上帝名叫苍帝灵威仰。这就是守护周王朝的神。周朝是后稷奉天命建立的，而后稷是姜嫄踩了周王朝守护神，即感生帝苍帝灵威仰脚印的大拇指后怀孕生下的。因此，周的衰亡意味着其守护神苍帝灵威仰保护的终结。

那么，是否要建立一个以"黄天"（中黄太乙）为守护神的非儒教国家，以取代苍帝灵威仰呢？答案是否定的。儒教的最高神是昊天上帝，无论周朝如何兴衰，他都在继续统治。于是，刘邦以汉朝（火德，代表色为红色）的守护神赤帝赤熛怒为感生帝和守护神，建立了汉朝，取代了周朝（木德，代表色为蓝色）。郑玄提供的证据是，刘邦的母亲刘媪虽然有丈夫，但因为感应到了赤龙而生下了刘邦。赤龙是感生帝赤帝赤熛怒的精气。正因为刘邦是母亲有感于赤帝精气才生下他的，汉朝才获得了天命，得以延续四百年。如果汉朝现在正在失去天命，那么按照五行的顺序，以黄帝含枢纽（土德，代表色为黄色）为感生帝的受命者应该出现在人间了。但这位受命者绝不可能是否定了昊天上帝的张角。

郑玄的"六天说"设定了六种类型的天帝。最高神昊天上帝之下，有五帝（五天帝）。五帝掌管五行，是历代帝王的受命帝，依次是苍帝灵威仰（主木）→赤帝赤熛怒（主火）→黄帝含枢纽（主土）→白帝白招拒（主金）→黑帝汁光纪（主水）。五天帝的名字均来自纬书。纬书的宗教性支撑着郑玄学说的宗教性。

此外，郑玄将祭天仪式分为两大类，圆丘祭天和南郊祭天：在圆丘（象征天的圆形祭坛）祭祀昊天（昊天上帝），在南郊祭祀上帝（五天帝）。昊天上帝位居六天之首，亦被称为皇天上帝、天皇大帝，是主宰整个天界的最高神；五天帝则是生育王者始祖的天（感生帝）。

郑玄以此解释了汉朝为何会灭亡，以及为何取代汉的国家仍会受到儒教的天的保护。可以说，他通过"六天说"预言了"取代汉朝"的国家。

魏文帝（曹丕，曹操嫡长子）以接受汉献帝禅让的方式称帝，革了东汉王朝的命建立曹魏。明帝（曹叡）是魏文帝之子，青龙五年（237年）一月，有人上奏明帝说出现了象征土德的黄龙，由此证明曹魏得了地统（以农历十二月为正月的王朝），于是修改正朝（历法），规定建丑之月为正月，并改元为景初。六月，根据七庙制确定了祭祖仪式，在洛阳南边的委粟山上建造了圆丘。十二月的冬至，明帝首次在圆丘祭祀昊天上帝。根据郑玄"六天说"制定的祭天礼仪在此首次得以实施。

如上所述，"取代汉朝"的国家明确出现在世人面前是在景初元年（237年），此时距离黄巾起义已经过去五十年，距离东汉末代皇帝汉献帝和辅佐刘备振兴汉室的诸葛亮双双去世的234年，也已经过去了三年。

三、《论语》内部的综合性

消失的《论语注》

郑玄的《论语注》在宋代失传。此后，人们一直尝试从其他书籍中收集残存部分。1969年发现了唐代抄本（写本），其中包括在吐鲁番阿斯塔那363号墓出土的《卜天寿本》（为政篇第二至公冶长篇第五）。综合上述成果，郑玄《论语注》共恢复了约六成。

关于郑玄《论语注》和何晏《论语集解》的传播情况，《隋书·经籍志》中记载如下：（南朝）梁、陈时，只有郑玄与何晏（的《论语》）被列入国学（学官），但郑玄的《论语》却很少（有人学习）。（北朝）周、齐时，只有郑玄（的《论语》）被列入（学官）。隋朝时，郑玄、何晏二注并行，郑玄（的《论语》）在世间广为流传。

《论语》传播过程中的这些差异，反映了南北朝时期儒教整体的发展趋势。曹魏王肃反对郑玄学，他是西晋开国皇帝晋武帝司马炎的外祖父。继承了东晋正统的南朝朝廷推崇王肃的经学，而非郑玄学。郑玄《论语注》也因此在南朝不受待见。相反，在以郑玄经学为儒教主流的北朝，只有郑玄的《论语注》被列入学官。直到实现南北朝合一的隋朝，郑玄《论语注》与《论语集解》一并被列入学官，又在民间广为传阅。但为何《论语注》却失传了呢？

导致郑玄《论语注》失传，而何晏《论语集解》却能流传至今的外在因素有以下几点：其一，何晏《论语集解》通过皇侃《论语义疏》被邢昺《论语注疏》所继承；其二，朱熹《论语集注》出现之后，早期的注本几乎不再受到关注。下面在此基础上，进一步分析郑玄《论语注》失传的内在因素，以及郑玄《论语注》的特点。

底本的区别

郑玄《论语注》与何晏《论语集解》对同一章节的解释往往不同，造成这种情况的主要原因是用的底本不同。据《隋书·经籍志》记载，郑玄《论语注》是以《张侯论》为底本，参校《古论》之后形成的，而据皇侃《论语义疏》序言记载，何晏《论语集解》则是以《鲁论》为底本的。

郑玄《论语注》将下述何晏《论语集解》中《学而篇》中的"仁"改成了"人"：

【原文】

有子曰："其为人也孝弟，而好犯上者鲜矣。不好犯上而好作乱者，未之有也。君子务本，本立而道生。孝弟也者，其为仁之本与？"

【译文】

有子说："为人孝顺父母、敬爱兄长，却喜欢犯上，这种人很少啊。不喜欢犯上，却喜欢作乱，这种人是不会有的。（正因如此）君子行事致力于根本。确立了根本之后，（那个人）将大有作为。孝悌，就是仁的根本吧！"

除了将划线部分的"仁"改成"人"之外，郑玄《论语注》对本章作了如下注解：孝为百行之本。意思是说，一个人的行为没有什么比孝更重要。如果一个人具有孝这种本性，那么他就会取得功绩，行为就能立得住。

郑玄解释说，孝是"百行（所有的行为）之本"，如果一个人拥有"孝悌"这种本性，就会功成名就，能够安身立命。郑玄之所以不用"仁"字，是因为底本是"有孝悌者，其为人之本"。

而何晏《论语集解》则解释说，首先要侍奉好父母兄长，然后才能成就仁道。这是因为他是按照底本上"有孝悌者，其为仁之本"来解释的。

可见，一旦底本的文字不同，那么对文字的解释自然也会不同。这种差异并非源于两本书在观点上各执一词，而是不同文本解读的必然结果。

时代情况的差异

其次,让我们来看看成书时间不同所产生的解释差异。

据北宋《文苑英华》所引"郑君自序"记载,郑玄在党锢之乱时期为"三礼"作注,他是在写完《毛诗郑笺》(《诗经》注)之后,才给《论语》加注的。在这个时期,郑玄的学问已经成熟,"三礼体系"也已经形成了。

此外,据清代刘宝楠《论语正义》记载,何晏《论语集解》成书于正始三年(242年)之后。正始二年(241年),齐王曹芳(曾为皇帝,后被废,故称齐王)启蒙时曾读《论语》,这也是何晏著书的契机。换言之,《论语集解》是何晏写给幼帝曹芳看的。曹芳十岁开始读书,当时何晏在大将军曹爽手下任吏部尚书,掌管人事。

成书年代的差异导致双方对《论语·八佾篇》中所描述的"禅让"(不使用武力的革命)产生了不同的评价:

【原文】
　　子谓《韶》:"尽美矣,又尽善也。"谓《武》:"尽美矣,未尽善也。"

【译文】
　　孔子评价(舜时的乐曲)《韶》,说:"美极了,而且好极了。"评价(周武王时的乐曲)《武》,说:"美极了,却不够好。"

第四章　寻求没有矛盾的体系

关于这一章,郑玄的注释认为,《韶》是舜时的乐曲,舜以圣德接受尧的禅让,所以"尽美"。"尽善"指的是使天下太平。《武》是周武王时的乐曲。周武王以武力平定天下,也是"尽美",未"尽善"指的是尚未使天下太平。

在此,善与不善的价值标准在于是否"使天下太平",至于得到天下的手段是禅让还是征伐(武力革命)并不重要。郑玄经历了东汉末年的黄巾起义。他在集中精力为《周礼》和《尚书中侯》(纬书之一)作注的同时,在注释中表达了祈求"太平"的理想。因此,在《论语注》中,他也将是否使天下太平作为善的标准。

与此不同,何晏通过引用孔安国的注释,努力将禅让正统化:孔安国说:"《韶》是舜时的乐曲。(该乐曲)说的是以圣德接受禅让的故事,因此认为好极了。……孔安国说:《武》是武王时的乐曲。以征伐得天下。因此还不够好。"

何晏解释说,舜通过禅让得天下,因此受到孔子尊重,认为他好极了;而周武王通过征伐得天下,因此孔子评价他还不够好。换言之,何晏在禅让或征伐中寻求善与不善的价值。何晏效忠、辅佐的是曹魏政权,该政权将自身定位成舜的后裔,将汉定位成尧的后裔,由此实施禅让革命。换言之,何晏做出使禅让革命正统化的解释,也是为了让曹魏的皇帝曹芳意识到这一点。

郑玄的《论语注》写于他遭受黄巾起义之苦,寻求"太平"的东汉末年,而何晏《论语集解》的目的是为了献给效仿尧舜禅让方式立国的曹魏皇帝。换言之,由于写作时政治形势的不同，导致善与不善的价值标准分成了是否使天下太平，以及是否采用革命的方式。

学术倾向的差异

除了上述外在因素，学术倾向上的差异也造成了两者解释的不同。郑玄《论语注》旨在融合"今文经学"和"古文经学"，其解释注重"通"。郑玄在《论语注》中对《为政篇》注释如下：

【原文】

子曰："非其鬼而祭之，谄也。见义不为，无勇也。"〔天曰神，地曰祇，人曰鬼。非其祖考而祭之者，媚求淫祀之福。郑易祊田而祀周公……〕

【译文】

孔子说："不是自己祖先的神灵却去祭祀他，这是谄媚。看到该做的事却不去做，这是缺乏勇气。"〔天称为神，地称为祇，人称为鬼。不是自己的祖先，却去祭祀他，这就是在讨好不合礼制的祭祀来寻求庇佑。郑人交换祊田以祭周公……〕

郑玄注中用〔〕表示的"郑易祊田而祀周公"之后的内容出自《春秋左氏传·隐公八年》。《春秋左氏传》中记载，郑伯（郑庄公）提出不再祭祀泰山，而改祭非自己祖先的周公，

第四章　寻求没有矛盾的体系　165

试图拿祊（祭祀泰山的汤沐邑）换取鲁国的许（朝宿邑）。郑玄据此解释《论语》，认为不是自己的祖先，却去祭祀他都是"媚求淫祀之福"。郑玄的《论语》以《张侯论》（《鲁论》系）为底本，是今文文本，而《春秋左氏传》是古文文本。换言之，郑玄学的特点在于其解释贯"通"古今文学，这一点也体现在《论语注》中。

何晏则不同，何晏创立了兼修儒教与老庄思想的玄学，他在《论语集解》中强调的是"兼"。何晏在《论语集解》中对《泰伯篇》注释如下：

【原文】

曾子有疾，召门弟子曰："启予足，启予手。〔郑玄曰："启，开也。曾子以为受身体于父母，不敢毁伤，故使弟子开衾而视之。"〕①《诗》云：'战战兢兢，如临深渊，如履薄冰。'〔孔安国曰："言此《诗》者，喻己常戒慎，恐有所毁伤。"〕②而今而后，吾知免夫！小子！〔周生烈曰："乃今日后，我自知免于患难矣。小子，弟子也。呼之者，欲使听识其言。"〕"③

【译文】

曾子病重，他召集门下弟子们，说道："（掀开被子）打开我的脚，打开我的手。〔郑玄说："启是开的意思。曾子认为身体是父母给的，绝不能有丝毫的损伤。因此让弟子掀开被子看他的身体。"〕《诗》(小雅·小旻)上说：'恐慌不安地（谨慎地），就像望向深渊，踩在薄冰上行走。'

〔孔安国说:"之所以说这首诗,是因为它隐喻了自己时刻保持警惕,担心(身体)受到伤害的样子。"〕从今而后,我知道再也不需要(那种担心)了!弟子们!〔周生烈说:"我知道,从今天起,我将自然地从(不使身体受损的)麻烦苦难中解放了。小子指的是弟子。叫他们是因为想让他们听(自己的)话。"〕"

何晏在该章分别加了郑玄、孔安国、周生烈三人的注释(注文用〔〕表示)。将这些注释与出土的郑玄《论语注》比较后可知,郑玄注在①的措辞上有一些差异:"启,开也。曾子以为,孝子受身体于父母,当完全之。今有疾,或恐死。故使诸弟子开衾视之。"(下划线部分不同,)但它又与孔安国注②几乎一样:"言此诗者,喻已常戒慎,恐有所毁伤。"与周生烈注③也很接近:"今日而后,我自知勉(免)于患难矣。言小子者,呼之,欲使听识其言。"

换言之,如果只是这种程度的文字差异,何晏全部引用郑玄注就行了。为什么何晏不这么做,却"兼"引了与郑玄注内容几乎相同的②孔安国注和③周生烈注?

可见,《论语集解》没有只采信某家注释,并优先引用它,而是尽可能引用各家注释。"兼"采多种研究成果,这就是何晏的学术特色。

关于郑玄《论语注》与何晏《论语集解》在解释上的差异,原因主要在于底本、成书年代等外在因素。此外,二人不同的学术特点也是造成差异的原因。具体而言,郑玄是一位学识渊博的儒者，学术上全面、系统，旁征博引，他的《论语注》的特点就在于这种综合性和系统性；而何晏作为"兼修"儒道的玄学创始人，学术上兼采各家学说。

四、郑玄注的综合性和系统性

郑玄《论语注》的综合性，首先表现在将《论语》各章有机联系起来的解读上。在《公冶长篇》中郑玄注释如下（〔〕中为郑文）：

【原文】

子在陈，曰："归与！归与！吾党之小子。〔吾党之小子，鲁人为弟子。孔子在陈者，欲与之俱归于鲁也。〕狂简斐然……不知所以裁之。"〔狂者进趣而简略于时事，谓时陈人皆高谈虚论，言非而博。吾不知所以裁制而止之，毁誉于日众，故欲避之归尔。〕

【译文】

孔子在陈国时，说："回去吧！回去吧！我家乡的弟子们啊。〔吾党之小子，指的是鲁人弟子。孔子在陈国时，打算与他们一起回鲁国。〕（各位陈国人）一味求进，不干重要的事情，……我无法教导他们。"〔狂指的是努力向前而忽略当下，此时陈国人都在高谈虚论，只说大话，不说好话。我不知道怎样去教导和阻止（陈国人）。每天

我都会受到越来越多的赞扬和批评。这就是我决定避开陈国返回鲁国的原因。〕

在"吾党之小子"处断句，是郑玄《论语注》特有的。《论语集解》之后的历代《论语》注释都在"归与"处断句，让"吾党之小子"与后面部分相连，解释为故乡（鲁国）的年轻人"狂简斐然"（抱着进取大志，像布匹般，已织得文采斐然）。而郑玄《论语注》将"吾党之小子"解释为随行至陈国的鲁人弟子，"狂简斐然"指的是陈国人。

这是因为郑玄结合下述《先进篇》，对《公冶长篇》进行了全面解读的缘故：

【原文】

子曰："从我于陈、蔡者，皆不及门也。"德行：颜渊、闵子骞、冉伯牛、仲弓。言语：宰我、子贡。政事：冉有、季路。文学：子游、子夏。

【译文】

孔子说："跟随我在陈国和蔡国（受困）的弟子们，都是没能做官的人。"德行方面：颜渊、闵子骞、冉伯牛、仲弓。言辞方面：宰我、子贡。政事方面：冉有、季路。文学方面：子游、子夏。

郑玄认为《先进篇》中的"从我于陈、蔡者"，即颜渊等"孔门十哲"，也是《公冶长篇》中的"吾党之小子"，由此他对两篇作了综合性解释。此外，在《诗经》中，陈国的诗描述了风俗的混乱情景，这也为郑玄的解释埋下了伏笔。郑玄在《公冶长篇》中认为"狂简斐然"指的是陈国人而非孔子自己的弟子，这是综合考虑《先进篇》及《诗经》之后做出的结论。

遵循其他的经典

郑玄《论语注》的综合性还表现在与其他经典的呼应上。在《雍也篇》中，郑玄作了如下注释（〔〕中为郑文）：

【原文】
　　夫仁者，己欲立而立人，己欲达而达人。能近取譬，可谓仁之方也已。〔己欲立身成名。故亦立人。己欲居官行道，故亦达人。皆以己所欲为之也。〕

【译文】
　　原本仁德的人，就是自己想站得住，也要让他人站得住，自己想腾达，也要让他人腾达。能够以（自己）身边的事情为例来考虑（他人），（这些才是）可以实行仁道的方法。〔自己想立身成名，所以让他人立身。自己想为官行道，所以让他人发达。大家都让他人做自己想做的事情。〕

郑玄认为，"立"指立身成名，"达"指为官行道。《论语集解》《论语义疏》《论语集注》等都没有明确说明"立"与"达"的区别。可见,郑玄注的训诂十分出色。

在郑玄的解释中,有两个前提。首先,看《论语·颜渊篇》:

【原文】

子张问:"士何如斯可谓之达矣?"子曰:"何哉,尔所谓达者?"子张对曰:"在邦必闻,在家必闻。"子曰:"是闻也,非达也。夫达也者,质直而好义,察言而观色,虑以下人。在邦必达,在家必达。夫闻也者,色取仁而行违,居之不疑。在邦必闻,在家必闻。"

【译文】

子张问:"读书人要怎样做才可以叫达了?"孔子说:"你所说的达是什么意思?"子张答道:"在邦国中有名望,在卿大夫家里也有名望。"孔子说:"这个叫闻,不叫达。达者品性正直,喜好大义,善于分析别人的言语,观察别人的脸色,愿意对别人谦让。(对人谦让所以)在国做官时必定显达,在卿大夫家做事时也必定显达。至于闻者,表面上似乎爱好仁德,实际行为却不如此,安于伪装而不怀疑自己。(但因为这种人很多,相互显摆,)所以在邦国中有名望,在卿大夫家里也有名望。"

在《颜渊篇》中,孔子解释了"达"与"闻"的区别。虽然郑玄《论语注》的颜渊篇缺失此章,但残留了解释"达"的部分,即"以得名誉为达者也"(将获得名誉视作"达")。

为了解释《颜渊篇》和《雍也篇》中的"达",郑玄将《雍也篇》中的"达"综合解释为"欲居官行道"(想要为官就要行道),不"行道"就不能"得名誉",而不是简单的"居官"就能"荣达"。

其次,看第二个前提,《雍也篇》解释中的《孝经·开宗明义章第一》,郑玄为其作注:

> 身体发肤,受之父母,不敢毁伤,孝之始也。立身行道,扬名于后世,以显父母,孝之终也。

《雍也篇》对"立"的解释是"己欲立身成名",沿用了《孝经》上述内容中的后半部分。在《孝经》中,"立身"之后的文字是"行道",郑玄在《雍也篇》中认为"行道"是"达"。于是,《孝经》就变成了通过同时实现"立"和"达",可以"扬名于后世"。因此,郑玄选择在《雍也篇》中将"立"解释为"立身成名",将"达"解释成"居官行道",在《颜渊篇》中则认为"达"指的是获得名誉。事实上,前述《论语注》泰伯篇中的郑玄注"曾子以为受身体于父母,不敢毁伤",沿用的是《孝经》上述部分的前半部分。

通过这种方式加注,郑玄全面又毫无矛盾地诠释了孔子在《论语·雍也篇》《论语·颜渊篇》中的观点,以及孔子在《孝经》中的观点。换言之,郑玄的《论语注》作为一种"郑玄学",不仅综合了《论语》内的各篇文章,还依据《孝经》等其他经典进行了全面的阐释。

以礼为先

郑玄《论语注》的综合性还体现在与其他经典相互参照的引文上。如此一来，它从合并解释的简单综合，变成了一种有序的系统性。在《里仁篇》的注释中，郑玄引用了《礼记》的如下内容（〔 〕中为郑文）：

【原文】

子曰："事父母几谏。〔几犹剀。谏父母者剀切之。礼曰："子事父，有隐无犯也。"〕见志不从，又敬不违，劳而不怨。"

【译文】

孔子说："侍奉父母，（发现他们有不对的地方时）要委婉地劝止。〔几的意思类似剀。劝谏父母时应委婉地劝。《礼记》上说："儿子侍奉父亲时，即便不做声却也不会冒犯地劝谏。"〕（即便如此）看到（父母的）心仍没有听从，还是要恭恭敬敬，不违逆他们，即使忧心但也不怨恨。"

郑玄注解释说，"几谏"指的是劝谏时要委婉地劝，并引用《礼记·檀弓篇上》中的"有隐无犯"来证明这一解释的正确性。这是根据其他经书做出的综合性解释。类似的地方不止这一处。《礼记·檀弓篇上》中有如下郑玄注（〔 〕中为郑文）：

事亲有隐而无犯。〔隐，谓不称扬其过失也；无犯，

不犯颜而谏。《论语》曰："事父母，几谏。"〕

在《礼记·檀弓篇上》郑玄注中，引用了《论语》上说的"事父母几谏"，以及《论语注》的里仁篇。换言之，郑玄提供了一种系统化的注释，使《礼记》和《论语》可以相互参照。

可见郑玄《论语注》不是对《论语》的每一章进行单独解释，而是以跨篇和借鉴其他经书的方式进行综合性解释。并且，郑玄注《论语》并非只针对《论语》本身，他还在对七经（五经加《论语》《孝经》）的阐述上保持了系统的一致性，使之在注释《礼记》等其他经典时也能使用。

在这种郑玄体系中，最重要的是"三礼"，尤其是《周礼》。

以礼说《论语》

郑玄在对《论语》的解释中，重视"三礼"，以礼为依据阐释《论语》。《论语注》中《八佾篇》有如下记载（〔〕中为郑文）：

【原文】
　　哀公问主于宰我。宰我对曰："夏……，殷人以柏，周人以栗。"曰："使民战栗。"〔主，田主。谓社。哀公失御臣之权，臣……。见社无教令于人，而人事之，故……树之田主，各以其土地所宜木，遂以为社于其野。然则周

公社以栗木者，是乃土地所宜木。宰我言"使人战栗"，媚耳。非其……。〕

【译文】

哀公向宰我询问关于田主的事情。宰我回答说："夏朝……，殷朝用柏木，周朝用栗木。"说："（使用栗木是为了）让百姓战栗。"〔主是田主的意思。指的是土地神。哀公失去了控制臣下的权力，臣……。土地神没有针对人们的法令，却看到人们祭祀土地神，因此……为了立田主，需要用各自土地上最好的树木，然后命名土地神及其田地。因此，周公的祭祀场所之所以用栗木，是因为栗木是好地方的树。宰我说"是为了让百姓战栗"，是（向哀公）谄媚。这并非……。〕

郑玄在解释"主"的时候，之所以不解释成"木主"（佛教中的牌位），而解释成"田主"（土地神），是因为划线部分引用的《周礼》中的"主"意为"田主"。郑玄并没有将《论语》和《周礼》定位为同等价值的经典，而是以《周礼》为标准来解释《论语》。换言之，自始至终，他都以"礼"为依据对《论语》进行解释。

此外，郑玄对《论语》的解释还沿用了源自"三礼体系"的礼仪原则，在《八佾篇》中，有如下内容（〔〕中为郑文）：

【原文】

"射不主皮，为力不同科，古之道也。"〔射不主皮者,谓礼射。大射、宾射、燕射,谓之礼射①。今大射……主皮之射,胜者降。然则礼射,由复胜射。今大射、乡射、燕射是主……将祭于君,班余获。射兽皮之射②。礼射不主皮,优贤者,为力役之……科。不因人力。古之道,随事宜而制之。疾今不然。〕

【译文】

(孔子说:)"射箭,不以射穿箭靶为目标,人的力量各不相同,(这)是古时的规矩。"〔射箭不以射穿皮靶为目标,指的是礼射。礼射指的是大射、宾射以及燕射。现在,大射……在以射穿为目标的射箭中,胜者下场。如此一来,礼射就是即使没有获胜,也像获胜一样。现在,大射、乡射、燕射是主要……献给君主,并摆放猎物。将兽皮展开用于射箭。礼射之所以(不以射穿)为目标,是因为担心贤者力量的……各不同。不苛求人的力量。古人的原则是遵循事情的道理来管理它。可恨现在不是这样。〕

上述郑玄《论语注》的划线部分①②沿用了下列《仪礼》的注释:

【原文】

礼射不主皮。主皮之射者,胜者又射,不胜者降。〔礼射,谓以礼乐射也,大射、宾射、燕射是矣。不主皮者,贵其容体比于礼,其节比于乐,不待中为备也。言不胜者降,则不复升射也。主皮者无侯,张兽皮而射之,主于获也。……〕

【译文】

　　（按照）礼（乐）射（时）（重点在于态度符合礼乐），不以（射穿）皮（革靶心）为目标。如果是以射穿皮革为主的射（礼），则获胜者接着射，未胜者（从堂上）下来。〔礼射指的是根据礼乐进行的射箭，包括（太傅、士族的）大射、宾射以及（天子、诸侯的）燕射。之所以不以（射穿）皮（革的靶心）为目标，是因为把尊重容貌体态和射箭方式视作礼，把节制视为乐，并不认为射中就是好的。之所以说未胜者下堂，也是为了避免让他再射。在以射穿皮革为主的射礼中，没有箭靶，而是将兽皮展开用于射箭，这是因为目的是射穿。……〕

　　②处前后缺失较多，令人难以理解，但①的部分，《仪礼》的注释与《论语注》一致。不仅如此，郑玄注将关于射的下述概念应用于所有经典，这些概念源自"三礼"的解释，主要来自上述《仪礼·乡射礼》。具体而言，射包括"主皮之射"和"非主皮之射"（礼射），礼射包括大射、宾射和燕射。郑玄将上述独创概念应用于所有经典。每当涉及射的经文出现时，他都会说明它与哪个射的概念相对应，以避免所有经文在解释上产生矛盾。通过这种方式，郑玄不断地寻求一种"无矛盾的系统性"。在这种体系中，"三礼体系"中对天的解释居于最高位置。

以《周礼》为首

郑玄的"三礼体系"以《周礼》为首。如上所述,《论语注·为政篇》中有如下记载(〔〕中为郑文):

【原文】
子曰:"非其鬼而祭之,谄也。见义不为,无勇也。"〔天曰神,地曰祇,人曰鬼。非其祖考而祭之者,媚求淫祀之福。郑易祊田而祀周公……〕

【译文】
孔子说:"不是自己祖先的神灵却去祭祀他,这是谄媚。看到该做的事却不去做,这是缺乏勇气。"〔天称为神,地称为祇,人称为鬼。不是自己的祖先,却去祭祀他,这就是在讨好不合礼制的祭祀来寻求庇佑。郑人交换祊田以祭周公……〕

如前文所述,该章的内容源于《春秋左氏传》,其中明确阐述了在以《周礼》为首的"三礼体系"中对天的解释。郑玄在《周礼·春官·大司乐》中作注如下(〔〕中为郑文):冬至那天,在地上的圜丘上进行演奏,如果舞乐演奏六遍,天神就都会下凡,就可以进行祭祀了。……夏至那天,在泽中的方丘上进行演奏,如果舞乐演奏八遍,地示就都会出来,就可以进行祭祀了。……在宗庙中进行演奏,如果舞乐演奏九遍,就可以向人鬼进行祭祀了。〔这三者都是重大的祭祀活动。天神的代表是

北辰（北极星），地祇的代表是昆仑（山），人鬼的代表是后稷（周朝的祖先）。〕

与射的例子一样，郑玄从引用的《周礼·春官·大司乐》中选出"天神、地祇（示）、人鬼"的概念，并运用于对所有经典的解释中。他确定了经典使用的优先顺序：《周礼》→《仪礼》《礼记》→其他经典。很明显，他是根据从《周礼》引出的"天神、地祇、人鬼"概念来撰写《论语注》的。

郑玄经学的特点包括：冬至日在南郊圜丘祭天的南郊祭天，以及将天分为昊天上帝和五天帝的"六天说"。这些特点贯穿于郑玄学的系统中。换言之，《论语注》同样反映了以郑玄"三礼体系"为基础的这个系统性，我称之为"无矛盾的系统性"。

在郑玄《论语注》中，他经常引用"三礼"的原文作为论据，以证明解释的正确性。在这种情况下，"三礼"不仅用于训诂，还用于按照郑玄经学来解释《论语》，该郑玄经学旨在建立一种以"三礼体系"为首的"无矛盾的系统性"。这就是郑玄《论语注》的特色所在。

郑玄学的难点

郑玄《论语注》为何未流传后世，何晏《论语集解》又为何受到青睐呢？郑玄《论语注》的优势在于它为研究"郑玄学"提供了基础，因为它是郑玄经学的一部分，是对《论语》的诠释。因此，在郑玄学兴盛的北朝，只为郑玄《论语注》开设了学官。

此外，义疏学（南北朝时期的训诂学）所引用的《论语》解释均为郑玄注，由此可以清楚地看出这种解释的学术价值。如果将《论语》作为经学来研究，那么郑玄《论语注》将脱颖而出。

相比之下，何晏《论语集解》删除了郑玄《论语注》中从经学角度延伸的部分，只在《论语》范围内探讨《论语》。此外，由于注释不仅涉及儒教，还涉及玄学，因此它与玄学以及佛教关系都很密切。这也是皇侃《论语义疏》以《论语集解》为底本的理由。《论语集解》中这种玄学式的"兼容并蓄"的阐释，也符合后来唐代追求儒释道三教融合的文化潮流。

从这两者各自的优势中，我们可以找到《论语集解》在唐代逐渐占据上风的原因。此外，郑玄《论语注》散佚的主要原因还在于《论语》在人生学问体系中的地位的变化。例如，曹魏的钟会四岁学《孝经》，七岁学《论语》(《三国志》卷二十八《钟会传注》)。同样，曹魏的齐王曹芳也是十岁开始读《论语》。

已失传的郑玄《论语注》之所以得以大幅度还原，是因为1969年在新疆阿斯塔那古墓中发现了一本由一个名叫卜天寿的十二岁唐代孩童抄写的《论语》。书中错误百出，似在告诉后人，卜天寿抄写《论语》并不容易。

此外，卜天寿还留下了一首打油诗：

写书今日了，先生莫嫌迟。
明朝是假日，早放学生归。

这说明《论语》在唐代被当作儿童教育的"启蒙书"。可到了唐代，郑玄《论语注》不再被当做唯一的学问来源，体现郑玄学精华的《论语注》已不再适合做启蒙教育的教材。

第 五 章

"道"之原理
——何晏的《论语集解》

一、从独尊儒术到四学三教

三国时代的文化

东汉是一个"儒教国家",形成了"古典中国"。在上承东汉的曹魏、蜀汉、孙吴的三国鼎立时期,儒教仍是一支重要力量。在朱熹出现之前,郑玄、王肃是儒者的代表,他们生活在广义上的三国时代。诸葛亮辅佐刘备建立蜀汉政权,他修习了从郑玄手中接过经学大旗的王肃的"荆州学",并从《春秋左氏传》中寻求自己的行为规范。

此外,奠定了曹魏政权基础的曹操却大力提倡"文学",由于儒教使汉王朝成了正统,因此曹操的目的是为了让儒教边缘化。除了"文学"之外,曹操在兵法、儒教、音乐方面颇有天赋,他还擅长草书和围棋,钟爱养生法并精通医药医方。三国时期文化的另一个特点是,以曹操否定"独尊儒术"为契机,各种文化的价值得以发现。在两晋南北朝时期贵族所兼修的"四学三教"(儒学、文学、玄学、史学,儒教、道教、佛教)中可见，儒教以外的各种文化开始具备独立于儒教的价值。

郑玄与王肃

郑玄是汉代儒教的集大成者，他解释经典的特点不仅在于宏大而精确的系统性，还在于其学说具有高度的宗教性。郑玄在解释经书时，积极引用纬书。这些纬书由西汉的今文经学者编造而成，特点在于将孔子神秘化及做各色预言的代言人。正如前几章中所述，郑玄根据纬书对经典的解释带有强烈的宗教性质。

一方面，郑玄已经放弃了东汉这个真实的朝代，郑玄的注释是汉代价值观的汇编，目的是传给后世，为即将到来的下一个时代做准备。他的注释一出便以迅雷不及掩耳之势传遍各地。换言之，人们目睹了延续四百余年的汉王朝的崩溃，热切地期盼出现一套新的价值观。曹魏灭了东汉后，需要改变汉朝旧制度，需要根据郑玄对经典的解释逐步确定新的国家制度。对天子而言，最重要的祭祀活动是祭天。魏明帝曹叡按照郑玄的"六天论"制定祭天仪礼，取代了东汉的祭天方法，目的是通过郑玄学的宗教性及系统性来加强君主的权力。

另一方面，东汉末年也出现了一股反对郑玄理论的潮流，这就是"荆州学"。荆州学是由宋忠和司马徽（诸葛亮及庞统之师）等在野学者创立的新儒教。其中，宋忠是东汉末年荆州统治者刘表的手下。刘歆古文经学的核心是《周易》，郑玄学的核心是《周礼》，而荆州学最推崇《春秋左氏传》。《春秋左氏传》以战火纷飞的春秋时代的历史事实为记录重点，包含了许多治理乱世的具体规范。正因如此，诸葛亮在处理具体国事时，才会以《春秋左氏传》为指导。

荆州学的特点是以人为中心，遵循理性主义来解释经典。因此，它对纬书的宗教性质持批评态度。此外，它还重视儒学在"经世济民"（"经济"一词的词源，即"经营国家救济民众"）中的作用。司马徽认为他们自己是通晓时务的"俊杰"，有别于单纯的学者。诸葛亮被他的朋友庞德公称为"卧龙"，意思就是引领后世的"名士"。诸葛亮自比管仲和乐毅，希望磨练自己的宰相之能、将军之智来管理国家，并通过积极创建蜀汉王朝来实现雄心大志。

王肃是荆州学核心人物宋忠的学生，他对郑玄经学提出质疑，并将这些观点发展成自己对经典的解释。他在反对魏明帝曹叡根据郑玄理论改革礼仪制度的过程中，逐渐完善了自身的经学。该经学的特点在于摒弃纬书，对经典进行理性诠释，强调不依赖孔子的神秘性和宗教性，而是在逻辑的正确性中寻求儒家经义的正统性。王肃对经典的阐释具有基于人类理性的合理性，这种合理性源自荆州学。换言之，郑玄认为经典解释的绝对真理在于"无矛盾的系统性"，王肃则认为在于人类的理性。

文学

儒教的上述发展势头受到了文学的遏制。在东汉末年的建安年间（196年至220年），文学的价值在中国历史上第一次得到了国家层面的提倡。曹操是其中的主要倡导者，那个时代的英雄们高声吟咏着满怀壮志豪情的诗歌。不过，曹操的乐府诗受到了儒教传统的影响，《尚书·尧典》中就有"诗言志"的记载。

即便如此，出于削弱儒教，尤其是削弱东汉王权的目的，曹操仍然把文学列入了人才选拔标准。这是因为在荀彧等"名士"阶层的价值标准中，儒教一直处于至高无上的地位，尤其在春秋公羊学中，东汉被尊为"圣汉"。儒者们为此受到冲击。为了防止儒教地位因提倡文学而下降，郑玄以外的儒者也开始接受朝代的更替，将曹丕的即位合理化。

鲁迅为了创造现代中国的"文学史"，特意向曹丕《典论·论文篇》寻求中国文学从儒教独立的依据，但事实上，曹丕《典论·论文篇》中的"盖文章，经国之大业，不朽之盛事"无法证实鲁迅所谓的"文学的独立"。

曹丕上述言论的逻辑完全源自《春秋左氏传》的"立言不朽"论，而被他视为"一家之言"，具有"不朽"价值的书籍，是徐干将曹操政策合法化的著作《中论》，以及他自己的《典论》。但他绝不是在宣扬如今所谓的文学作品的"不朽"。他弟弟曹植也继承了他的观点，认为"辞赋为小道"。

然而，正因为是"小道"，所以"辞赋"被允许用虚构的形式来进行表达。曹植由此得以在文学意识高涨的背景下追求多种表达。西晋陆机继承了曹植的文学自觉。陆机著有《文赋》，将"诗缘情"（诗寄情）放在儒教式文学理论"诗言志"的对立位置，提出了抒情诗的表达方式。由此，文学开始独立于儒家思想。阮籍、嵇康的作品也是三国时期文学的代表，他们介于曹叡和陆机之间，尝试将文学从儒教和权力中解放出来。

玄学

玄学由《论语集解》作者何晏与王弼共同创立。之所以被称为玄学，是因为它具有兼通"三玄"即《周易》《老子》《庄子》的特点。除了《诗经》《尚书》之外，儒教从孟子时期开始逐渐吸收了《春秋》，西汉前半期时又将《周易》纳入儒教经典中，以对抗当时国家所推崇的主流意识形态黄老思想。例如西汉末年，赞美王莽的儒者扬雄效仿《论语》撰写了《法言》，同时效仿《周易》撰写了《太玄经》。当时人们已经尝试用从老庄思想中学到的逻辑方法来探究事物的真相了。

由何晏、王弼等人引领的"正始之音"（正始年间，240年至249年，兴起的新的文化思潮）开创了沿着上述方向继续发展的玄学。王弼有一段著名的回答，其中谈到了当时被视为对立的儒教与老庄思想之间的关系：王辅嗣（王弼）二十岁时去拜访裴徽。裴徽问他："'无'本是万物之源，可是圣人（孔子）不肯谈论它。但老子却反复地说个没完，这是为什么？"

王弼说:"圣人体察到了'无',可是'无'又无法解释清楚,所以言谈间必定涉及'有'。老子、庄子还没有从'有'中超脱出来,所以要经常去解释那个还掌握得不充分的'无'。"(《世说新语·文学》)

玄学的精髓体现在王弼的回答中。玄学并不是以对抗儒教的方式宣扬老庄思想,它希望在儒学的框架内恢复老庄思想的地位,目的是通过老庄的逻辑来探究儒教经书的真谛。当然,作为前提条件,王弼对《老子》、《周易》和《庄子》作了注释,并提出了自己的见解。王弼通过给《老子》作注,认为孔子所体察的"无"才是"道"的上位者,"道"孕育了宇宙万物。何晏著有《论语集解》,其中有一些根据玄学解释《论语》的章节,王弼也用同样的方式撰写了《论语释疑》。

玄学所推崇的老庄思想很快带上了明显独立于皇权的自主性。其代表人物就是大名鼎鼎的阮籍和嵇康等人,也就是传说中的"竹林七贤"。

阮籍在守丧期间,在司马昭(司马懿之子,西晋建国者司马炎之父)的宴席上公然饮酒吃肉。换言之,他无视"孝"所要求的外在规范,以自认为的"孝"作为内在的价值标准,对抗司马氏一族虚伪、充满欺骗的"孝"。司马昭认为阮籍伤心憔悴,并未责备他的无礼。他接受了阮籍自认为的"孝",即"名士"阮籍的自律性价值标准。老庄思想由此获得了脱离君权的自主性,然而,这种自主性并不经常能获得。撰写《释私论》的嵇康,就因与曹魏宗室有亲戚关系,被司马氏以诽谤汤王和武王为由杀害。

史学

司马迁所著的《太史公书》在东汉末年汉灵帝时期被称为《史记》，即"历史的记录"。由此可见，"独尊儒术"的瓦解也是史学独立的背景之一。西晋陈寿所著《三国志》书名中的"志"也是记录的意思。在此，事实的"记录"才是历史的主体，从中可见史学从《春秋》（基于史实论述大义）、《尚书》（歌颂国家及伟人）中独立出来的契机。

只要认为史书要继承《尚书》的传统，那么所谓史书就是皇室记录。班固被人告发私修国史，就此入狱。因此，班固在出狱后对汉朝大加赞赏，认为汉朝功德无量，如同尧一样，是顺应符瑞、图谶（来自上天的祥瑞和预言）的神圣王朝。东汉灭亡后，史书便没有了这样的约束。人物点评成为"名士"们自主性的一种形象化表达。为了证实没有约束，他们写了许多人物传记。由于这些史书并非皇室记录，因此人们可以对其进行史料批判。

刘宋时期的裴松之为《三国志》作注，他自发地采用了基于内部和外部考证式的史料批判来验证文本正确性的方法论。裴松之依据四种体例作注，即"补阙"（补充内容）、"备异"（引入不同的说法）、"惩妄"（纠正原文和所引史料的错误）和"论辩"（评论史实）——这四种体例是结合使用的。

例如，关于《三国志·诸葛亮传》中刘备为请诸葛亮三顾茅庐的故事，裴松之注中列有鱼豢《魏略》、司马彪《九州春秋》，其中写到诸葛亮此前曾拜访过刘备。这就是"备异"。

他还引用诸葛亮撰写的《出师表》，分析诸葛亮并没有先拜访刘备。这就是"惩妄"。像这样，裴注列举了不同内容的史料，对照可信度更高的《出师表》，进行内部考证式的史料批判，考察这些史料的准确性。

总之，裴松之作注的方法不同于以训诂学为基础的儒教注释法。他广泛收集并比较各种文本，以探究历史事实，而其前提就需要中国史学拥有独立性。

道教

导致东汉覆灭的黄巾起义是以其首领张角创立的"太平道"为旗帜的，黄巾军尊奉中黄太乙为"太平道之天"。当时，张鲁的五斗米道稳坐整个汉中，和太平道一样，也用符水（符和圣水）治病，但特点在于要求病人先在静室中思过，反省过错之后再喝下符水。

五斗米道将曹操、曹丕定位为"真人"，迎合君主的权力，以确保教派的生存。五斗米道教众在曹丕篡汉时对曹丕的认可和拥护，在一定程度上起到了对内对外彰显其神性的作用。

如此，在曹魏的保护下，五斗米道被统治阶级所接受，其信徒包括"琅琊王氏"（其后裔包括书法家王羲之等人）和"高平郗氏"等贵族，以及东晋简文帝等晋朝皇室核心人物。

佛教

相传佛教在东汉明帝时期传入中国，但佛教被全面接受则是在东晋十六国时期。话虽如此，但据说在东汉末年的光和二年（179年），仍有一位大月氏僧人支娄迦谶来到中国，翻译了汉文版的《般舟三昧经》。此外，同样来自大月国氏的支谦得到了孙权的信任，被任命为博士，辅佐皇太子，并翻译了《维摩诘经》等著作。

然而，一方面，由于史料的局限性，三国时期佛教的接受情况大多不为人所知。范晔是《后汉书》的作者，虽然其父范泰是祇洹寺的大施主，但他却是一名无神论者，也是一名佛教否定论者。究其原因，可能是因为其父范泰与寺僧慧义等开展踞食之辩，严厉批评了印度式饮食做法的缘故。因此，《后汉书》对于东汉末年从西域和南方传入的佛教描述得不够充分。

此外，《三国志》的作者陈寿也因条件限制，未能撰写四夷传记中本应包含佛教内容的《西域传》和《南蛮传》等。《魏略》是《三国志》的资料来源，其中含有《西戎传》，但陈寿并未沿用。因为如果要记录与西域的关系，就不得不花费大量笔墨描写司马懿的政敌曹爽之父曹真让大月氏朝贡，封波调王（瓦刺王）为"亲魏大月氏王"，以牵制与诸葛亮结盟的西域各国的功绩了。而日本的卑弥呼被封为"亲魏倭王"则是司马懿远征辽东的结果，这是为了将进行朝贡的日本视为与大月氏同等乃至以上的大国。此外，如果记录与南蛮的关系，那么就不得不记录扶南（柬埔寨）、林邑（南越）、堂明（老挝）诸国向孙吴纳贡之事，这等于承认曹魏的势力范围并没有扩展到南蛮诸国。

另一方面，也许是为了与道教竞争，三国时期佛教方面的资料往往夸大了佛教的渗透力，并不够可靠。例如，唐代道宣的《广弘明集》将曹植的"辩道论"和"鱼山梵唱"合二为一，将曹植定位为道教的批判者和佛教梵呗的创始人。<u>曹植被誉为唐代以前最伟大的诗人，并被尊为梵呗的创始人，可以说是后世佛教徒的假托之词。</u>

如上所述，在三国时期，兴盛于魏晋南北朝时期的"四学三教"开始萌芽，而作为玄学的创始人，《论语集解》的作者何晏在整个三国时期的文化中发挥了重要作用。

二、何晏与正始之变

浮萍贵公子

何晏深受曹操喜爱，是一位在宫中长大的贵公子。然而，他并不是真正意义上的贵公子。他的母亲尹氏嫁给了东汉外戚何进的儿子何咸，生下了何晏。何咸死后，尹氏成了曹操的第五任妻子，何晏是她带来的孩子。然而，何晏才华卓著，甚至于当曹操读兵书遇到未解之处，试探性地询问少年何

图9 曹操的头盖骨（曹操高陵出土） 渡边义浩提供

晏时，他也能毫不犹豫地解释疑团。再加上他白皙的面容，曹操对他喜爱有加，一度想要收他为义子。曹操的子女们自然对他充满敌意。其中，嫡长子曹丕看不起他，经常不叫他的名字，而称呼他"假子"，并在著作《典论》中写道："何进之后，何氏遂亡。"

何晏受到曹丕和其弟曹植的冷落，在诗中感叹自己怀才不遇，将自己喻成"浮萍"。尽管如此，他仍坚持不懈地努力着。魏文帝曹丕对何晏深恶痛绝，而明帝曹叡在文帝去世后，兴建豪华宫殿，何晏为此创作了《景福殿赋》大加称赞。群臣们当时应该也写了很多文章，但只有何晏的赋被收入《文选》并流传至今。他称赞在明帝"至高无上"的统治之下，吴蜀的灭亡只是时间问题，并奉承明帝的德行超过了三皇五帝。明帝建造宫殿的行为遭到了以陈群为首的"名士"们的强烈反对。尽管明帝对何晏的赋赞不绝口，但给他的待遇却始终未变。

何晏被明帝视为"浮华"之徒（沽名钓誉的无用之人），一直遭受打压，他的步步高升得益于那些认可他才能的人的提携。他模仿"党人"以来的"名士"自治制度，在"四聪八达"等自己的党派中设立名气等级[1]，蔑视君主权力，引起了明帝的不满。

在被打压的"四聪八达"团体中，何晏因研究《周易》和

---

[1] 明帝时期出现的"四聪八达"（正始名士），是门阀士族自己组的一个排行榜，只有上榜人物才是"名士"。何晏是其中重要的代表人物。他们抱团评议时政。——译者注

《老子》而备受推崇。换言之，何晏希望利用玄学这种新文化，在集团中获得认可和优越地位。这些行为引起反弹，导致了对这批"浮华"名士的打压。

中央集权政治的重建

通过压制诸葛亮，司马懿拥有了庞大的势力。随着明帝的突然驾崩，约束司马懿的重任落到了曹爽的身上。而曾经辅佐幼帝曹芳的曹爽大权独揽，力图消除以司马懿为核心的门阀士族势力凌驾于君权之上的局面。他的目标是重建中央集权的政治体制，何晏、夏侯玄、丁谧等人受到重用，被置于行政的中心位置。

曹爽政权的政策理念是由何晏制定的。在《论语集解》卫灵公篇中，何晏阐述了"舜的无为"作为曹魏政治理念核心的重要性。之所以假托舜帝的政治，是因为曹魏自称是舜帝后裔，是土德之国，接受了火德之国的汉朝，即尧帝后裔的禅让。在上文提到的《景福殿赋》中，何晏写道："钦先王之允塞，悦重华（舜）之无为。……不眩焉在，在乎择人。"（敬仰先王洋溢的美德，推崇舜帝的无为之治。……如何避免迷茫？在于选择正确的人。）他也曾向明帝建议过，以舜的无为而治作为行政典范。后文有进一步详述。

那么，"无为"而治的方法具体是什么呢？何晏在《论语集解》的注释中指出"任官得其人"，又在《景福殿赋》中指

第五章 "道"之原理　197

出"在乎择人",强调选贤任能的重要性。他在奏议文中也写道:端正了自己的行为,即使不发布命令(即使是"无为"),万事也皆可行。舜曾告诫禹要小心亲近他的人,何晏借此强调"选择正直之人"的重要性。

总而言之,何晏以《论语·卫灵公篇》中"舜的无为"为论据,试图让采纳《老子》"无为"思想的国家统治走向中央集权化,而作为实现这一目标的具体措施,就是提倡一元化的人才提拔方式。这种人事政策是以何晏创立的玄学为基础的。在何晏这些政策的背后,是他与司马氏在人事任命权上的激烈斗争。

州大中正制

曹爽将何晏的"舜的无为"作为政治方针,任命何晏为吏部尚书,主管人事。何晏在人事任命方面强调新的文化价值即玄学,如重视并提拔擅长玄学的王弼等。何晏手握人事大权,影响力很大。司马懿的儿子司马师也修习玄学,甚至得到了何晏的认可。昔日曹操把文学作为用人标准时,司马懿学的是作诗。现在的情况也是如此。

在"舜的无为"理想中,是人事权向中央集中。具体措施为何晏盟友夏侯玄的中正制度改革。夏侯玄的改革方案是将人事权集中到尚书省,郡的中正官只负责人物品评。人事权由曹爽一手控制,包括任命何晏为吏部尚书,主管人事事务。换言之,夏侯玄提出的人事改革目的在于让曹爽控制人事权。这次改革试图推翻九品中正制中有利于"名士"的部分——九品中正制由陈群设立,是为了在乡里品评中反映名士的名声。对于这一改革,司马懿自然抱有反感,但他没有轻举妄动,而是不断观察曹爽政权各项政策的走向以及政权内部"名士"们的动向。

虽然司马懿通过阻止诸葛亮北伐、消灭辽东公孙氏等军功提高了声望,但原先支持他的基础是"名士"阶层。夏侯玄提出的九品中正改革方案将严重损害"名士"们的既得权益,于是,司马懿本人也提出了自己的九品中正制改革方案,这就是州大中正制。这样既能保证"名士"的既得权益,又能团结反对曹爽的名士们,达到夺回政权的目的。

在曹魏的九品中正制下,郡中正会给官吏候补人评定二品至九品不等的品级。与此不同的是,州大中正制在一直以来的郡中正之上设立了州大中正一职,并赋予州大中正决定品级的权力。这种制度让有可能就任州大中正的拥有既得权益的"名士"们,如颍川集团("名士"主流,主要来自颍川,曾出过荀彧、郭嘉、陈群等人物,是司马懿的后盾)等,在人事问题上有更大的发言权。

事实上,在司马懿之孙司马炎建立的西晋,州大中正制与五等爵制结合后形成了贵族制度。换言之,西晋以后的贵族制度是在州大中正制的基础上,结合五等爵制形成的国家身份等级制度。其中州大中正制,正是司马氏在对抗君主权力的过程中,为获得"名士"阶层的支持而制定的。

正始之变

面对曹爽对"名士"集团既得权益者的压制，司马懿最终发动了政变。这就是正始之变。皇帝曹芳参拜明帝高平陵时，曹爽兄弟随驾前往。司马懿瞄准时机，向郭皇太后上奏，请求罢免曹爽兄弟。皇太后同意后，他奉皇太后之命关闭了洛阳城内的所有城门，并掌握了皇帝直属军队禁军的指挥权。为了迎接皇帝回朝，他还在洛水河畔摆开阵势，向皇帝上书弹劾曹爽。

曹爽的心腹桓范主张决一死战。然而，曹爽却听信了其只罢免官职的花言巧语，不战而降。也就是说，司马懿仅用一天的不流血政变就夺取了政权。当然，司马懿违背了对曹爽的承诺，杀害了曹爽、何晏等人。此后，消灭反司马氏势力的行动仍在继续，司马氏家族手中的权力越发集中。其他"士族"之所以默认这些行为，是因为他们支持司马懿提出的州大中正制。

在三国时期，"名士"赖以生存的基础虽然是独享文化价值所带来的名声，但这种名声从根本上说依赖于地方社会的直接统治者，即豪族的支持。在曹操府第里长大的何晏不需要这样的基础，他可以一下子成为舞台中央的"名士"。他创造了一种名为"玄学"的新的文化价值，并取得了卓越的成就，还获得了曹爽这个"宿主"，成为吏部尚书，主管人事。然而，何晏所提倡的玄学价值尚未普及，就被司马懿打倒了。换言之，"士族"们都支持司马懿，因为司马懿维护儒教这一旧文化价值，力保"士族"们的既得权益，使当时的何晏毫无立足之地。终其一生，何晏宛若"浮萍"。

三、道的绝对性

合著者与引注

据《论语集解》序的记载，该书并非由何晏单独撰写。尽管如此，《隋书·经籍志》和《旧唐书·经籍志》仍说是何晏的独著，未提到序中提及的合著者孙邕、郑冲、曹羲、荀顗等四个人的名字，这或许是因为《论语集解》的实际编撰工作是以何晏为中心的。相反，《论语集解》的作者之所以不归于何晏一人，是因为这本书的编撰契机是皇帝的启蒙教育，即正始二年（141年），为了十岁的皇帝曹芳学习《论语》而编撰的。《论语集解》作为一部供十岁皇帝御览而编撰的半官方著作，必须考虑其注释的特点。

此外，《论语集解》序还列举了引注中的八家学者，其中引用最多的是西汉孔安国（《古论》传承者，466条），以及东汉包咸（主要研究《鲁论》的今文经学者，196条）、周氏、马融（古文经学者，132条）、郑玄（《论语注》作者，98条），曹魏王肃（40条）、周生烈（14条）、陈群（《论语义说》作者，3条）。何晏收集了这八家学说的精华，引用时注明了他们的名字。那些没有注明名字的注释则是何晏新加的。不过，何晏自己的注释并不多，而且并非所有的注释都属于何晏特有的玄学式解释。在各种注释中，孔安国的注释最多，占50%以上，但关于这些是否属于西汉孔安国本人的注释的问题，仍存在争议。此外，何晏在引用郑玄注时也有大幅的省略。

出于上述原因，有些学者对《论语集解》的评价不高，认为这是互不兼容的八家注释的简陋汇编。那么，何晏撰写《论语集解》的目的是什么呢？

"一"与"元"

何晏《论语集解》的特点在于，他将名为"一"和"元"的核心原理置于其世界观的根基之上。何晏在《论语集解·卫灵公篇》中作注说，在探求真理的过程中，多学无益，可以通过"一"来认识真理（〔〕中为何文）：

【原文】

子曰："赐也，女以予为多学而识之者与？"对曰："然。〔然，谓多学而识之。（孔安国注）〕非与？"〔问今不然耶。（孔安国注）〕曰："非也。予一以贯之。"〔善有元，事有会①。天下殊途而同归，百虑而一致②。知其元则众善举矣，

故不待多学，一以知之③。〕

【译文】

孔子说："赐啊！你以为我是学得多才懂得各种事情的人吗？"子贡答道："是啊。〔然，意思是学了很多东西才懂得各种事情。（孔安国注）〕难道不是这样吗？"〔询问现在的情况是否依然如此。（孔安国注）〕孔子说："不是的。我用一个基本道理把它们贯穿起来。"〔善有源头，事有交集。天下人所行的路途不一样，但是归宿都是相同的，人们有各种思虑，但是最后的结果是一样的。（因此）了解它的根源，一切美好都会实现。为此，（孔子）不需要多学，通过一个基本道理就知道各种事情。〕

最后的"善有元"部分中未写明"孔安国曰"，说明这是何晏自己的注。带划线部分的①和②沿用了《周易》的内容。

①的依据是《周易·乾卦·文言传》："元者，善之长也。亨者，嘉之会也"。元，是众善的首领。亨，是众美的荟萃。这段引文表明，孔子言论中的"一"也可译为"元"。

②的依据是《周易·系辞下传》："天下同归而殊途，一致而百虑。天下何思何虑？"天下的道理有共同的归宿，但经过的道路却是不同的。虽然目的地是同一个，却有各种思虑。天下人在思考什么？忧虑什么？由此可见，何晏引用《周易》"元者""同归""一致"的思想，是想以此解释孔子提出"一以贯之"的原因。

也就是，他对孔子的话解释为，如果各种道理和诸多考虑都是"同归""一致"的，那么如③所述，孔子就不必多学，只要知道"一"，即"元"（万物存在的规律），一切都可以明白。

如上所述，在何晏的《论语集解》中，①和②出自《周易》，③则按照《周易》的哲学内容来解释《论语》。具体而言，在《周易》的影响下，他试图探究万物存在的规律，并将其描述为"一"（或"元"）。这就是《论语集解》具有玄学式解释特点的原因所在，而这种玄学式解释贯穿《周易》《老子》和《庄子》等"三玄"。换言之，何晏《论语集解》的目的是通过玄学来把握《论语》的核心思想，而不是像郑玄《论语注》那样进行系统、全面的阐释。

"道"与"无"

《论语集解》通过抓住核心思想"一"和"元"感知整体。对"一"的上述理解以何晏自己的玄学为依据，既不同于郑玄，也不同于皇侃和朱熹。在《论语集解·卫灵公篇》中，何晏提出的"一"和"元"的核心思想，在另一部著作《道论》中，则以"道"和"无"出现。换言之，在何晏那里，"一"和"元"与"道"和"无"是同义的。

何晏用"道"和"无"来解释《论语》，"道"和"无"也可以表述为"一"和"元"，处于他自身哲学的核心位置。例如，何晏在《论语集解·先进篇》中高度评价备受孔子好评的颜回时，极为重视颜回关于"道"的看法，具体如下（〔

中为何文）：

【原文】

子曰："回也其庶乎，屡空。赐不受命，而货殖焉，亿则屡中。"〔言回庶几圣道，虽数空匮，而乐在其中。赐不受教命，唯财货是殖，亿度是非。盖美回所以励赐也。一曰："屡犹每也。空犹虚中也。以圣人之善，教数子之庶几，犹不至于知道者，各内有此害也。其于庶几每能虚中者，唯回怀道深远。不虚心，不能知道。子贡虽无数子之病，然亦不知道者，虽不穷理而幸中，虽非天命而偶富，亦所以不虚心也。"〕

【译文】

孔子说："回（颜回）已经接近（圣道）了吧，可常常很穷。赐（子贡）不听（我的）吩咐而去做生意，猜测行情往往很准。"〔这里想说的是，颜回虽然离圣道很近，常常很穷，但其中也有快乐。子贡不听（孔子的）教诲，只增加财富，揣摩（事物的）是非。我想，孔子之所以称赞颜回，是为了鼓励子贡。有一种说法是："屡，就是每次的意思。空，就是心无杂念的意思。（孔子）以圣人之善教导那些亲近弟子们的人，而（他们）仍不懂得道，原因就在于他们每个人的内心都有缺点。在身边的人中，只有颜回始终心无杂念。只有对道的思虑深远，才有可能做到。心不放空，无法懂得道。子贡没有弟子们的缺点（如愚钝、粗鲁、乖僻、粗心等），却一样不懂道，原因就在

于他没有掌握真理却靠撞大运猜中,又或者非天命使然却偶然发财。(这两点也和弟子们的缺点)一样是无法放空内心的理由。"〕

何晏认为,在孔子的弟子中,颜回是最"接近圣道"的。孔子之所以称赞颜回,是因为他接近"道"。孔子以距离"道"的远近作为标准,将颜回和子贡进行比较,批评子贡是"不知道"的人。颜回之所以能接近道,是因为他能"虚心"。因为只有他"怀道深远",所以可知"道"。一个人要达到懂得"道"的高度,不是靠多学,而是靠对形而上根基的思考,这种根基就表现为"道"。在此,何晏根据核心概念"道",对《论语》展开了玄学式解读。

换言之,通过对《论语》的玄学式解读,何晏明确了"道"作为形而上根基的绝对性,认为应置于世界观的基础之上。最终,在何晏所推崇的王弼的《老子注》中,"道"被认为是"理"本身。

"道"的实现

何晏认为,即使对孔子来说,具体表达"道"也非常困难。在《论语集解·述而篇》,对于孔子与"道"的关系,何晏描述如下(〔〕中为何文):

【原文】

子曰："志于道〔志，慕也。道不可体，故志之而已。〕，据于德〔据，杖也。德有成形，故可据。〕，依于仁〔依，倚也。仁者功施于人，故可倚。〕，游于艺。〔艺，六艺也，不足据依，故曰游。〕"

【译文】

孔子说："敬仰道〔志，就是敬仰。道无法领会，所以敬仰。〕，据守德〔据，就是抓牢。德有固定的形式，所以可以抓牢。〕，依靠仁〔依，就是依靠。仁者有功德能帮助他人，所以可以依靠。〕，游憩于六艺〔艺，就是六艺。之所以称为游憩，是因为它们不足以抓牢和依靠。〕。"

关于孔子的第一句话"志于道"，朱熹《论语集注》按照字面意思，将其解释为"立志于道"。与此相反，何晏将其解释为，对孔子而言，"道"是"无法领会"的，因此"敬仰道"。即，"道"是形而上的根基，它应该被置于世界观的基础之上，而这种高度连孔子也无法达到。

因此，除非特殊情况，否则很难在世间实现"道"。在著名的《里仁篇》中，《论语集解》的解释就是以得"道"之难为前提的（〔〕中为何文）：

【原文】

子曰：朝闻道，夕死可矣。〔言将至死，不闻世之有道。〕

第五章 "道"之原理

【译文】

孔子说:"早晨得知道理,要我当晚死去,都可以。"〔想说的是,虽然快要死了,但是还没有听说世上存有道理。〕

连孔子都达不到"道"的境界,要想在世上实现以"道"治国十分困难。因此,何晏认为,原则上不可能听说世界上有"道"。然而,只要具备特定条件,按照形而上之本的"道"实行统治仍有可能实现。在《论语集解·雍也篇》中,孔子说鲁国接近于"道"(〔〕中为何文):

【原文】

子曰:"齐一变,至于鲁。鲁一变,至于道。"〔苞氏曰:"言齐、鲁有太公、周公之余化也。太公大贤,周公圣人。今其政教虽衰,若有明君兴之者,齐可使如鲁,鲁可使如大道行之时。"〕

【译文】

孔子说:"齐国如果(被明君)改变,就会像鲁国一样。如果鲁国有什么变化,就会像(实行)大道的时代一样。"〔包咸说:"意思是齐鲁都有姜太公和周公教化的余晖。姜太公是大贤人,周公是圣人。现在,齐、鲁的政治和教化虽然已经衰微,但如果有明君让它发扬光大,就能够使齐国变得像鲁国那样,也能够使鲁国变得像(实行)大道的时代一样。"〕

何晏认为，如果鲁国能够实现以"道"治国，那么就会变得像"实行大道的时代一样"。所谓"实行大道的时代"，是指《礼记·礼运篇》中"天下为公"的时代。那是尧舜的时代，他们发起了尧舜革命，这与曹魏时发生汉魏革命的情况相似。即，如果鲁国有明君像尧舜那样治理国家，就能实现何晏引包咸注来解释的以"道"治国了。

这是说，如果知道尧舜实行什么样的政治，那么就能知道如何以"道"治国。《论语集解》是写给皇帝曹芳看的，所以何晏列举了这个以"道"治国的例子。

四、舜的无为

无为是什么？

那么，用"无""道""一""元"概念合理化之后的"圣人"，尤其是《礼记·礼运篇》中描绘的尧舜，他们是通过怎样的统治在世上实现"道"的呢？答案就是前述《卫灵公篇》中的"舜的无为"（〔〕中为何文）：

【原文】

子曰："无为而治者，其舜也与？夫何为哉，恭己正南面而已矣。"〔言任官得其人，故无为而治。〕

【译文】

孔子说："能够无所作为而治理天下的人，大概是舜吧！那么，他做了些什么呢？恭谨律己，朝南端坐而已。"〔这是说，（舜）任命了合适的人来担任官职，因此他能够无所作为而治理天下。〕

《论语》中有七章出现了舜的事例,其中该章节认为舜的政治是无为而治。何晏对此做出了独特的解释,即,他认为舜实现无为而治的关键在于提拔了合适的人做官。这可能是因为他自己担任了吏部尚书,统一以玄学为标准选拔人才成为他的目标。

何晏重视《礼记·礼运篇》中的下述言论:"在实行(尧舜的)大道时,天下是人们所共有的,选出了品德高尚的人、能干的人。"这也是何晏将《论语集解》中舜的"无为之治"解释为"任官得其人"的原因。在《礼记·礼运篇》中,孔子在"感叹鲁国"时也提到了这句话。换言之,何晏曾说:"如果接近于'道'的鲁国能够像实行大道的时代一样进行统治,就会实现理想的天下。"这也是沿用了《礼记·礼运篇》的上述说法。

何晏之所以尊重《礼记·礼运篇》,是因为在说明曹魏正统性的诏书中引用了该文。所谓正统性,是指自称舜帝后裔的曹魏接受了尧帝后裔汉朝的禅让。因此,何晏在接受禅让后掌权的舜的"无为"中,寻找一种"圣人"的政治,而这种政治能够实现以形而上之本治国,即以"道"治国。

在《论语集解·泰伯篇》中,何晏对"无为之治"下的人民生活做如下注解(〔〕中为何文):

【原文】

子曰:"民可使由之,不可使知之。"〔由,用也。可使用而不可使知者,<u>百姓能日用而不能知</u>。〕

【译文】

孔子说:"老百姓,可以让他们运用道,却不可以让

第五章 "道"之原理 211

他们理解它。"〔由，就是用。可使由之不可使知之的意思是，百姓明明每天都在运用（道），却不了解（它）。〕

何晏之所以将"由"解释为"用"，是因为划线部分来自《周易·系辞上传》，即人们每天都在使用阴阳之"道"，却不了解它。所以"无为之治"的政治，就是要让"百姓"（人们）依靠天地阴阳之"道"的运行而生活，又不需他们理解它。换言之，只有与形而上之本的"道"融为一体，百姓才能获得幸福。

因此，通过无为之治，天下人自然会服从君主。何晏认为孔子在《为政篇》的如下内容中谈到了这一点（〔〕中为何文）：

【原文】

子曰："为政以德，譬如北辰，居其所而众星共之。"〔苞氏曰："德者无为，犹北辰之不移而众星共之。"〕

【译文】

孔子说："如果把无为当作为政之道，那就好比北极紫薇星处在它的位置上，而众星都会向它表示敬意。"〔包咸说："德，就是无为。（无为而治）就好比北斗紫微星不动，而众星都会向它表示敬意。"〕

对于划线部分，何晏之所以引用将"德"解释为"无为"的包咸注，是因为《老子》第三十八章中记载："上德无为，而无以为。"通过把"德"解释为"无为"，孔子在《为政篇》

图10 "魏公卿上尊号奏"碑(右)与"受禅表"碑(左),纪念曹丕接受汉献帝禅让。　　　　　　　　　　　　　　　渡边义浩提供

中的这句话就可理解为:"如果把无为当作为政之道,那就好比北极紫薇星处在它的位置上,而众星都会向它表示敬意。"

如上所述,何晏认为,舜的"无为之治"是以"道"为基础的统治,是通过任用贤能来实现的,是可以使所有人服从君主的统治的。

禅让的赞歌

通过宣扬舜利用尧禅让而掌权的方法,何晏进一步肯定曹魏的正统性。曹魏是经过汉魏革命建立起来的,效仿的是尧舜禅让革命。《论语集解·八佾篇》中对此的描述,可参考前述郑玄《论语注》的相关部分（以下〔〕中为何文）：

【原文】

子谓《韶》："尽美矣，又尽善也。"〔孔安国曰："《韶》，舜乐名，谓以圣德受禅，故尽善。"〕谓《武》："尽美矣，未尽善也。"〔孔安国曰："《武》，武王乐也，以征伐取天下，故未尽善。"〕

【译文】

孔子评价（舜时的乐曲）《韶》，说："美极了，而且好极了。"〔孔安国说："《韶》是舜时的乐曲，是歌颂以圣德接受禅让（的乐曲），因此好极了。"〕评价（周武王时的乐曲）《武》，说："美极了，却不够好。"〔孔安国说："《武》是武王时的乐曲，以征伐取天下，因此不够好。"〕

何晏《论语集解》解释道，舜因"受禅"（禅让）而得天下，被孔子评价为尽善；周武王因"征伐"（讨伐）而得天下，则被评为未尽善。即，何晏在禅让与讨伐中寻求善与不善的价值标准，并通过将曹魏定位成舜帝后裔、将汉朝定位成尧帝后裔，来说明曹魏接受汉的禅让不仅是正统的，也是善的。

可见，何晏《论语集解》拥有明确的论点。郑玄写的《论语注》是自身经学体系的一部分，为了对抗郑玄学，何晏在"道"中寻找儒学和玄学的共同理想，并通过《论语集解》告诉皇帝曹芳该如何实现以道治国。

"道"之深远，连孔子也无法领会，但以"道"治国却可以在尧舜的统治下实现。舜通过任用贤能而"无为之治"，使万民顺应，而舜本人也是因贤能而得了禅让的。因此，何晏认为，曹魏效仿尧舜革命，接受了汉朝的禅让，如果曹魏实行"无为之治"，也可以实现以"道"治国。

古注的代表

何晏利用舜的"无为"和"禅让"将曹魏正统化，同时将形而上之本的"道"作为其世界观的核心来解释《论语》。郑玄《论语注》对《论语》进行了系统而全面的诠释，何晏则尝试提出一种与之相匹敌的"共通的道理"。《论语集解》受到推崇的原因在于：其一，为十岁的皇帝曹芳学习《论语》而作，解释通俗易懂；其二，形成了以"道"为基础的"共通的道理"。最终，它超越了郑玄的《论语注》，成为古注的翘楚。

《论语集解》的成书，深受魏晋时期时代风潮的影响。随着孔子所谓的正统"圣汉"的衰落，追求绝对真理的风潮使人们开始转向寻求天地之本、"道"和"无"的绝对性。在此背景下，何晏将基于《周易》和《老子》的玄学式解释应用于直接传达孔子思想的《论语》，并试图在舜的"无为之治"故事中，为皇帝找到一条基于形而上之本"道"的治国之路。他自己也在曹爽的领导下，以吏部尚书的身份努力招贤纳士，力图实现这种"无为之治"。

#　第 六 章

继承与失去
——皇侃《论语义疏》和邢昺《论语注疏》

一、佛教的兴起

三教并立

不同于汉代的唯儒独尊，魏晋南北朝是一个追求文化价值多元化的时代。一方面，文学的价值经由曹操的提倡得以被发现、被重视。在《陈书·卷三十四》文学论中，文学甚至被称为"人伦之本"，能使"君子异于百姓"。曹魏何晏开创的玄学被公认为贵族的教养，刘宋时在四学馆内设玄学馆也是如此。此外，通过裴松之的《三国志注》，史学形成了自己的方法论，即史料批判，并在《隋书·经籍志》中形成的"经、史、子、集"四大部类中，确立起"史"学仅次于"经"学的地位。

另一方面，源于东汉末年五斗米道的道教被北魏太武帝定为国教，从东晋开始被全面接受的佛教也被隋文帝定为国教。隋文帝颁布了向全国发放佛舍利的诏令，当天还下令废除了学校，只在国子学保留了七十名学生。这是东汉"儒教国家"建成以来，儒教第一次失去国家的保护。由此可见，佛教是儒教地位的最大威胁。

要想利用佛教使国家正统化，就必须克服儒教中的华夷思想。因为佛教本身就起源于所谓"夷狄"之地。早在春秋战国时期，楚国虽然国力强盛，却因地处南蛮之邦而成为尊王攘夷的对象，无法统一中国。不过，正如秦穆公被称为"西戎霸王"一样，统一中国的秦国也应该算是夷狄。华夷思想最终被儒教系统化之

图11 龙门石窟寺院（洛阳）的卢舍那大佛
渡边义浩提供

后，它一方面具有强烈的中华意识，即相对于夷狄而言，自己是世界的中心，而另一方面，它认为华夷之间的区别在于是否拥有文化。就像五胡的皇帝们常说的那样，禹是夷狄之人，周文王也是异族人，他们之所以成为理想的中华帝王，是因为禹治理黄河，奠定了中华文明的基础，而周文王制定礼乐，奠定了中华文化的基础。即便是夷狄出身，也可以通过发扬中华文化，成为中华帝王。这就是通过文化来区别中华和夷狄的儒教原则。

但现实问题是，在少数民族统治期间，经常会发生民族间的摩擦。从北魏的汉化政策到隋唐的胡汉融合，虽然看似进展

顺利，但北方政权依旧普遍看重佛教。此后建立的名为"征服王朝"的辽、金、元、清也始终尊崇佛教。佛教是外来的世界性宗教，这一点是少数民族政权正统性的保证。如果儒教能够和佛教相辅相成，那么还能为少数民族出身的皇帝赋予更稳定的正统性。这就是为什么唐朝选择同时推崇儒教，而没有原封不动地延续隋朝"佛教治国"政策的原因。之所以当时唐朝将道教置于佛教之上，则是因为道教努力向国家权力靠拢的缘故。

隋朝末年，南朝派道教茅山派道士王远知找到唐公李渊，告诉他，太上老君（老子，李耳）托梦自称是"李渊的祖先"，建议李渊设立道观供奉老子。唐太宗李世民于是宣称自己的祖先是老子，在祖先崇拜活动中给予老子特殊待遇，规定宫中道士和僧侣的排序为"道先僧后"。下一任皇帝唐高宗则追封老子为"太上玄元皇帝"，同时让官僚和皇室子弟学习《道德经》（《老子》），在科举考试的明经科中开设老子策，试题取自《道德经》。上述皇帝们将老子视为其祖先，加以特殊待遇，目的就是为了美化他们胡汉融合的皇室血统，因为人们一度认为北地陇西李氏不如"山东"（崤山以东士族）的汉人贵族血统。

在唐朝皇帝中，唐玄宗最尊崇老子。在登基之初，他按照儒教思想将稳定民生放在首位，但在茅山派道士司马承祯的努力下，转而信奉道教。司马承祯传授玄宗法箓，称其为道士皇帝，并让玄宗在全国各地建立道观。唐玄宗邂逅杨贵妃也是在道观的一次祭祀活动中。唐玄宗亲自为《道德经》作注，下令每家每户都准备一本《道德经》，还追封庄子为南华真人，将老子诞辰定为法定节假日。从此，道教超越单纯的李氏祖先崇拜，

第六章　继承与失去

几乎成了唐朝的国教。此后,唐朝对茅山派的保护仍在继续,并在唐武宗时期发生了史称"会昌毁佛"的灭佛事件。会昌毁佛的具体情况在中国未见记载,但在日本僧人圆仁的《入唐求法巡礼行记》中有详细描述,流传至今。

由此,诞生于汉代,成型于唐代的"古典中国",呈现出儒、释、道三教并立的现象。

梁武帝

梁武帝萧衍是南梁的第一位皇帝。他的父亲萧顺之是南齐高帝萧道成的族弟,是一位开国功臣。萧衍文武双全,父亲对他寄予厚望。他还是齐武帝之子、竟陵王萧子良的"八友"之一。南齐末年,皇帝东昏侯萧宝卷暴虐无道,残杀兄弟萧懿,萧衍指责东昏侯并起兵讨伐,最终他接受东昏侯之弟、齐和帝萧宝融的禅让,建立南梁。

即使在隆冬时节,梁武帝也要凌晨两点起床处理政务。他实行宽松的政治,努力恢复凋蔽的民生。在明确区分士(贵族)和庶(非贵族)的同时,还制定了重视个人才能和教养的政策,要求贵族自我提高,并改革官制以整顿贵族制。天监三年(504年),41岁的梁武帝放弃道教,皈依佛教,此后他在佛教中寻求实现理想社会的方法,修建了许多寺庙并举行大法会,被称为"皇帝大菩萨"。

梁武帝写了一首《会三教诗》,讲述了自己向佛教靠拢的思想历程：

> 少时学周孔，弱冠穷六经。
> 孝义连方册，仁恕满丹青。
> 践言贵去伐，为善存好生。

与当时大多数的贵族一样，梁武帝的学问也是从"周孔"即儒教开始的。按照当时的习俗，弱冠之前必须掌握六经，然后才能进入太学。梁武帝认为儒教的教育成果是"好生"（堂堂正正地做人）。

> 中复观道书，有名与无名。
> 妙术镂金版，真言隐上清。
> 密行贵阴德，显证表长龄。

接着，梁武帝阅读"道书"学习道教。这里提到了有名、无名之论，因此他学习的不仅仅是作为宗教信仰的道教，还包括贯通《老子》《庄子》《周易》即"三玄"的玄学。他认为道教修行的目的在于"长龄"（长寿）。

> 晚年开释卷，犹日映众星。
> 苦集始觉知，因果乃方明。
> 示教惟平等，至理归无生。

晚年，梁武帝打开"释卷"，唤醒了佛性，佛教的光辉就像太阳照耀群星。这时的他称赞佛教是无上的价值，认为佛教的真谛在于回归"无生"（一切诸法均无实态）。值得注意的是，当时的佛教教义中列出了"平等"。

梁代的佛教研究和讲经活动非常兴盛，《涅槃经》和《成实论》称得上是梁代佛教的代表作。梁武帝为《涅槃经》作注，中大通元年（529年）在同泰寺讲解《涅槃经》。该《涅槃经》是刘宋时期的慧严、慧观和谢灵运根据法显和佛陀跋陀罗翻译的《大般泥洹经》六卷（《大正新修大藏经》[以下均简称"大正"]三七六）、昙无谶翻译的《大般涅槃经》四十卷（北本、大正三七四）校订而成的《大般涅槃经》三十六卷（南本、大正三七五）。《大般涅槃经》对平等有如下论述：

【原文】

佛性者即是如来。佛性者名一子地。何以故。以一子地因缘故。菩萨则于一切众生得平等心。一切众生毕定当得一子地故。是故说言"一切众生悉有佛性"。

【译文】

佛性（众生拥有的佛的本性、成佛的原因）就是如来（最珍贵的东西）。佛性可称为一子地（像爱自己的独生子女一样爱一切众生的境地）。为什么呢？这是因为一子地的因缘，也是因为菩萨对一切众生的平等心。一切众生都能获得一子地，所以才说"一切众生悉有佛性"。

不同于《般若经》歧视声闻众（依佛法修行，但只求自身解脱的出家人），《大般涅槃经》宣称"一切众生悉有佛性"，是一部明确主张大乘佛教一律无差别平等的经典，教导人们普度一切众生。

梁武帝在位期间，积极召开无遮大会。此会又称"平等大斋会"。据说在无遮大会上，向道俗四众平等地布施了充足的食物。梁武帝的平等，可以说是对"凡圣皆平等、一视同仁"理想的论述。那么，梁武帝推崇的平等思想给同时代的皇侃《论语义疏》带来了怎样的影响呢？

二、皇侃《论语义疏》与平等观

佛教的影响

南朝的皇侃是吴郡人,师从会稽郡贺场。他擅长研究"三礼"和《论语》,曾任国子助教(国子学的助手,较低的官职),大同十一年(545年)去世,享年58岁(《梁书·卷四十八》儒林皇侃传)。其著作《论语义疏》是在何晏《论语集解》的基础上,集后人之说,再加上自己的解释而形成的。

在中国,该书在南宋时期失传,但其手抄本流传到了日本。在江户时代,荻生徂徕的弟子根本武夷(字伯修)将其校正刊刻后重新传回中国,令中国学界大为震惊。日本大正十二年(1923年),大阪的怀德堂出版了附有武内义雄校勘记的《论语义疏》,该版本十分优秀,已成为通行本。

据皇侃《论语义疏》序的记载,该书有两大特点:其一是忠实于何晏《论语集解》的解释,其二是包含了《论语集解》之外及批评《论语集解》的各家学说,如江熙《集解论语》中引用的论语注释。当然，该书也反映了皇侃本人的思想及其所处时代的思潮。

关于佛教对《论语义疏》的影响，第一，体现在佛教词汇的使用上。原本"义疏"一词就源于佛教。在佛典中，"义疏"是对经文中的祖师说或祖师论的解说。最早在儒教中使用该词的是刘宋明帝的《周易义疏》。此外，《论语义疏》中使用的一些字词，如"印可"，来自于《维摩经》。

第二，在注释形式、问答体、经题解释等表达形式方面也有共性。将经文分为若干段落，逐段解释的形式，原本是佛教经典的解读方式。

第三，将自己的学问定位为"外教"的自觉。《论语义疏·先进篇》"季路问事鬼神"中所附的义疏，对儒教与佛教的教义区别作了如下解释：

【原文】

外教无三世之义，见乎此句也。周孔之教，唯说现在，不明过去未来。而子路此问事鬼神，政言鬼神在幽冥之中，其法云何也，此是问过去也。

【译文】

这句话表达了外教（儒教）没有（现在、过去、未来）三世之义的事实。周孔的教导（儒教），只讲现在，不揭示过去和未来。而子路却在此询问祭祀鬼神的问题，由于鬼神处于幽冥之中，那么应该如何讲述它的道理呢，这其实是在询问过去。

正如清代陈澧的《东塾读书记》所述，此处皇侃在用佛教的概念来解释《论语》。所谓"外教"，是以佛教是"内教"的角度来指称非佛教教义的词语。该词语本身就带有一种内教为上、外教为下的意识。在儒教古典的注释书《论语义疏》中使用这一术语，这个问题本身就值得注意。

那么，梁武帝推崇的平等观念在皇侃的《论语义疏》中是如何体现的呢？《论语·卫灵公传》中有如下章节：

【原文】

子曰："吾之于人也，谁毁谁誉？如有所誉者，其有所试矣。斯民也，三代之所以直道而行也。"

【译文】

孔子说："我对于别人，诋毁了谁？称赞了谁？如果有我赞誉的人，必然是经过考察的。（可以说）这样的对应才是百姓能像夏、商、周时代那样按正直之道行事的原因。"

该章的"如有所誉者"，包咸注为"所誉者，辄试以事，不虚誉而已"（每次称赞别人时都会核实，不会毫无证据就予以称赞）。前述何晏《论语集解》只是引用了上述包咸注，并没有与"平等"联系起来解释。

而《论语义疏》对"谁毁谁誉"作了如下注释：

【原文】

孔子曰："我之于世，平等如一，无有憎爱毁誉之心。"

故云"谁毁谁誉"之也。

【译文】

孔子说:"我在世界上是平等如一的,并没有憎爱毁誉之心。"所以才说"诋毁了谁?称赞了谁"。

皇侃在解释这一章时指出,孔子认为人们应"平等如一",也抱有来自佛教的"平等"理想。此外,皇侃还对"如有所誉者"作了如下注释:

【原文】

既平等一心,不有毁誉。然君子掩恶扬善。善则宜扬,而我从来若有所称誉者,皆不虚妄。必先试验其德,而后乃誉之耳。故云"有所试矣"。

【译文】

(孔子)已经是平等一心的状态,所以不会褒贬(他人)。但君子(需)掩恶扬善。如果是善,就应该宣扬,而我曾经称赞过的人,都不是虚妄不实的。必须先考验他们的德行,然后再赞美他们。所以才说"经过考察"。

皇侃基于佛教的平等观来解释孔子的言论,即,孔子认为出于"平等一心",不该进行毁誉褒贬,但是君子需"掩恶扬善",因此必须在考察之后才有所表扬。这种基于佛教平等观的解释,此后并没有得到继承,如朱子《论语集注》中没有沿用该说法。换言之,用佛教的平等观来解释《论语》,是皇侃《论语义疏》

的一个特点。

　　梁武帝提倡源自佛教的平等，皇侃在这种背景下撰写了《论语义疏》，用平等一词来诠释孔子的言论。那么，皇侃是否追求梁武帝"凡圣皆平等""一视同仁"的理想呢？换言之，这种理想是否像《论语集解》中的"道"一般，构成了《论语义疏》的核心人性论呢？

性三品说与平等

　　在儒教中，人性论考虑的是人类是一种怎样的存在。在人性论发展过程中诞生了"性三品"说，它的主要依据是《论语》中的三个词汇。西汉董仲舒学派所著的《春秋繁露》根据孔子在《论语》中的言论所作的诠释，形成了性三品说的基础。具体而言，人性分为上、中、下三种，只有中民才有可能成为教化的对象，拥有从善变恶的可能性。后来，东汉王充、荀悦继承了性三品说，并由皇侃进一步发扬光大。

　　《雍也篇》《季氏篇》和《阳货篇》一直是性三品说的依据，皇侃也在这些篇章中论述自己的观点。在《雍也篇》中，皇侃沿用老师贺玚的观点，将人的贤愚"品质"分为九品。在《季氏篇》中，他阐述了除一品和九品之外的其余七品与学问的关系，其中一品为上智，是天生就有智慧的人，而九品为下愚，是决不可能有所改变的人。但对于性三品说而言，这些观点并无新意。皇侃性三品说的独特之见体现在对《阳货篇》"子曰：'唯上智与下愚不移'"的注释中：

【原文】

性者，人所禀以生也。习者，谓生后有仪，常所行习之事也。人俱禀天地之气以生，虽复厚薄有殊，而同是禀气，故曰相近也。……气有清浊，若禀得淳清者，则为圣人；若得淳浊者，则为愚人。愚人淳浊，虽澄亦不清；圣人淳清，搅之不浊。故上圣遇昏乱之世，不能挠其真；下愚值重尧迭舜，不能变其恶，故云"唯上智与下愚不移"也。而上智以下，下愚以上，二者中间，颜、闵以下，一善以上，其中亦多清少浊，或多浊少清，或半清半浊，澄之则清，搅之则浊。如此之徒，以随世变改，若遇善则清升，逢恶则滓沦，所以别云"性相近习相远"也。

【译文】

性是生来就有的，而习指的是出生后的习惯，经常在做在学的事情。人都是接受天地之气而生的。（所受之气）的厚薄因人而异，但所受之气相同，所以说"性相近"。……气有清浊之分。如果接受了纯清之气，那么就变成圣人，如果接受了纯浊之气，那么就变成愚人。愚人的纯浊之气即使净化了，也无法变清，而圣人的纯清之气即使搅浑了，也不会变浊。因此，上圣遭遇乱世也不能改变他的真，下愚遇见尧舜也不能改变他的恶，因此说"唯上智与下愚不可改也"。并且，上智之下，下愚之上，二者之间，（即）颜回、闵子骞之下，一善之上的人，其中多清而少浊，或多浊而少清，或半清而半浊。（正因如此）一旦净化就变清，一旦搅浑就变浊。这样的人随世事变迁而变化，如果遇见善就上升到清，如果遇见恶就变浊，所以又有"性相近习相远"的说法。

据皇侃上述所述，性之所以可分为三品，进而细分成九品，是因为人降生到世间时，都会接受天地之气，而这些气有清浊厚薄之分的缘故。受纯清之气的，则为圣人；受纯浊之气的，则为愚人；受清浊混杂之气的，则为中人。即，气的清浊程度是先天注定的，这决定了人性的善恶。

西晋实施的是与五等爵制相结合的九品中正制，到了梁代，实行该制度是为了保证贵族可世袭为清官（上品），而寒门可世袭为浊官（下品）。也就是说，出身在贵族还是寒门，决定了官的清浊、官位的乡品的高低，以及乡品表现出的禀性的善恶智愚。在这样的社会背景下，皇侃提出了上述性三品说。中气清则性善，气浊则性恶的宿命论观点。换言之，贵族制的世袭性质助长了性三品说中的宿命论因素。

除了上述社会背景，围绕是否接受佛教的争议也对皇侃的性三品论产生了影响。在中国，人们对佛教"业力"思想的关注集中在报应和轮回之说上，这些思想后来发展为"神不灭"论。"神不灭"论通过主张神的不朽，以证明轮回转世的真实性。排佛论者则主张"神灭"论，以反驳佛教的轮回转世说。

在皇侃时期，"神灭"论的代表著作是戴逵的《释疑论》。《释疑论》由安处子的四个问题和玄明先生的解答组成。安处子的问题如下：祸福积行说和天道无亲说是圣人的箴言，说的是善恶行为会造成祸福吧？①从理论上讲，圣人和极恶之人的行为是绝对的善和恶，所以福祸也是命定的，善恶各成一家，后世的修行起不了作用吧？②

对此，玄明先生的回答如下：他同意①，并认为②人是接受天地五常之性气而生长的，性气的长短、粗细程度的不同，由此决定了人的寿命和贤愚。这是自然定律。例如，尧和舜这样的圣人，生出丹朱、商均这样的愚人，这是必然的。普通人也是如此，贤愚善恶各有其命，与累积善行无关。

这个逻辑与性三品说中确定上智下愚的理论如出一辙。尤其在论述以天地五常的性气为基础的宿命论方面，他不同于董仲舒学派的人性论，而是接近于皇侃的性三品说。不过，由于没有提到教化的必要性，因此仅凭①和②无法解释性三品说里的中人。与此相关的是下列③和④的问答。

安处子的问题如下：有时努力做善事的人会遭遇不幸，一个劲儿做坏事的人却得到幸福。累积善行的回报在哪里？③人人皆有五情六欲，难以约束和预防。所以如果没有惩罚和报应，人们是否就会随心所欲呢？④

对此，玄明先生回答如下：③与浩瀚的天地阴阳相比，人是渺小的。渺小生命的细小行为不可能逐一产生因果报应。因此，积行说旨在劝人行善。

在这里，佛教最重要的特征即因果报应必然性被否定了。天地阴阳与人类个体并不对应。但即便如此，每个人也必须学习，完善自己。对于④，他阐述了遵循教导将成为名教之士，

第六章　继承与失去

违背教导则成为失道之士的观点。换言之，性三品说提到中人受教化后，后天发生变化，这种人性论在戴逵《释疑论》中有类似的表达。

戴逵《释疑论》认为，人类从天地阴阳两仪中接受命定的性而诞生，接受五行之气而成长，贤愚善恶等都是自然形成的规律，是由天赐的命数带来的。由此可知，皇侃的性三品说深受戴逵《释疑论》的影响，认为性由先天之气的清浊而定。戴逵的《释疑论》是一种排佛论，它否定了众生平等的观点。同样，皇侃的性三品说中也没有众生平等的观点。

儒教的根深蒂固

皇侃所效忠的梁武帝尊崇佛说"平等"，在《论语义疏》中，皇侃将"平等"一词引入了对《论语》的解释里。他在《论语·卫灵公篇》的"吾之于人也，谁毁谁誉"的注解中，说孔子这句话的意思是说：因为"我之于世，平等如一"，所以"没有憎爱毁誉之心"。然而，皇侃却在定义人类本质的人性论中，提出性三品说以积极肯定人生来有差别。换言之，皇侃的人性论深处隐含着难以动摇的儒教观念。

据说皇侃每天诵读《孝经》二十遍，就像佛教信徒诵读《观音经》一样（《梁书·卷四十八》儒林皇侃传）。可见他是一个以《孝经》为宗教经典的儒教信徒。即便如此，他在写《论语义疏》时仍然使用了梁武帝所尊崇的"平等"概念。不过该概念只用在了这一个地方。在讨论人类本质的人性论方面,他采用了宿命论式的性三品说,将由出身决定的贵族制度合理化,其实是与梁武帝"凡圣皆平等""一视同仁"的理想相悖的。

在皇侃《论语义疏》中,我们既能看到儒教的灵活性,又能看到儒教的韧性,前者表现在它表面上接受佛教宣扬的平等无差别,后者表现在它在人性本质的界定上毫不退让。换言之,即使与佛教发生激烈冲突,儒教也没有迷失自我。

三、《五经正义》和《论语注疏》

唐朝的编撰活动和孔颖达

继统一南北朝的隋朝之后,唐朝开展了一系列大型编撰项目,将各种文化价值收归皇权所有,以便对抗以独占文化为生存基础的贵族阶级。在唐朝,奉敕命编撰的书籍包括:《艺文类聚》(类书,唐高祖武德七年,欧阳询奉敕撰)、《初学记》(类书,唐玄宗开元十五年,徐坚奉敕撰)、《五经正义》(经书,唐太宗贞观十六年,孔颖达奉敕撰)、《帝范》(政论,唐太宗贞观二十二年,太宗御撰)、《群书治要》(治政,唐太宗贞观五年,魏征奉敕撰)、《文馆词林》(总集,唐高宗显庆三年,许敬宗奉敕撰)、《唐六典》(行政法典,开元二十六年,张九龄奉敕撰)、《隋书》等南北朝"正史"等。这些书籍的编撰证明了唐王朝为收归文化价值所作的努力。

其中,《五经正义》是在国子监主管官孔颖达的带领下,于唐太宗贞观十六年(642年)编成的。五经各自选用的注释如下：《周易》用王弼注和韩康伯注；《尚书》用孔安国注；《诗经》（《毛诗》）用郑玄注；《礼记》也用郑玄注；《春秋左氏传》则用杜预注。除此之外，还从南北朝时代的"义疏学"中选取了适当内容来重新解释上述注释。所谓"正义"，是指根据标准的义疏做出正确的解释。唐高宗永徽四年（653年），该书经部分修订后颁行，被选为学校的教科书，成为明经科考试（科举中的经学考试）的标准用书。

《五经正义》的编撰者孔颖达是孔子的后代，通晓"南学"（南朝经学）和"北学"（北朝经学）。作为国子祭酒（国立大学校长），他奉唐太宗之命编撰了一百八十卷的《五经正义》，以统一南北二学。以"正义说"开头的"疏"的作者均为孔颖达，但毋庸置疑，许多学者都参与了编撰。该书整理并统一了杂乱的五经章句（解释），为此受到好评。但也有人批评说，由于解释的标准化，它失去了作为一门学问的生命力，直到被"宋学"（集大成的朱熹朱子学是其代表）取代。

《十三经注疏》的确立

在唐代，《五经正义》编撰完成后，贾公彦给郑玄注的《周礼》《仪礼》作疏，徐彦给何休注的《春秋公羊传》作疏，杨士勋给范宁注的《春秋谷梁传》作疏。至此成"九经"。

到宋代，"经"的概念扩大，不仅包括《论语》《孝经》《孟子》，甚至还包括对经书进行解释的辞书《尔雅》，并出现了根据朝

图12 《十三经注疏》与《论语正义》(《论语注疏》)　　渡边义浩提供

廷诏令制作的标准解释。《论语》取曹魏何晏集解，宋邢昺疏；《孝经》由唐玄宗亲自注释，宋邢昺疏；《尔雅》取晋郭璞加注，宋邢昺疏。据说《孟子》取汉赵岐注，宋孙奭疏，但也有一种流行的观点认为《孟子》是伪作。

　　由此形成了一整套儒教必备古典经书注疏丛书，共四百十六卷，这就是《十三经注疏》。"古注"精华皆备于此。

邢昺与《论语注疏》

　　北宋宋太宗太平兴国年间（976年至984年），邢昺参加了诸科（相当于唐代的明经科）中的五经考试。在殿试（最终考试）中被太宗称赞学识渊博，通过了九经考试。宋真宗咸平元年（998年），被任命为国子监主管，第二年又被任命为新设立的翰林院侍讲学士。《论语》、《孝经》和《尔雅》的疏均出自他手。

邢昺撰写了《论语正义》（人们为了与清代刘宝楠的《论语正义》区分开来，通常称其为《论语注疏》），这部著作是以《论语义疏》为基础的（《玉海·卷四十一》"咸平《孝经》《论语》正义"条）。此外，据野间文史的考证，他还间接参考了隋代刘炫的《论语述义》。在《论语注疏》中，只有一处引文中出现了刘炫的名字，即《颜渊篇》首章颜渊问仁，孔子回答"克己复礼为仁"的章句中。对于该章节，何晏《论语集解》引用了马融注，解释为"克己，约身也"。而在《论语注疏·颜渊篇》中邢昺论述如下：

【原文】

此注"克"训为"约"。刘炫云："克训胜也，己谓身也。身有嗜欲，当以礼义齐之。嗜欲与礼义战，使礼义胜其嗜欲，身得归复于礼，如是乃为仁也。复，反也。言情为嗜欲所逼，己离礼，而更归复之。"今刊定云："克训胜也，己谓身也，谓能胜去嗜欲，反复于礼也。"

【译文】

这个注释将"克"解释为"约束"。刘炫说："'克'解释为'战胜'。'己'指的是'身体'。身体有欲望，需要通过礼和义来调节。当欲望与礼和义相争，礼和义战

第六章　继承与失去　239

胜了欲望,身体就能回归于礼,如此就能成仁。'复'就是'返'。说的是如果情感成为欲望的焦点,那么身体即使离开了礼,也必须回归礼。"现在定下的解释认为:"'克'解释为'战胜','己'指的是'身体',意思是战胜欲望,回归于礼。"

《论语注疏》尊重刘炫的解释,将"克"解释为"战胜",这不同于《论语集解》将"克"解释为"约束"。不过,刘炫与邢昺之间也有一些不同之处。刘炫认为,战胜表现为通过礼和义来调节欲望,而邢昺定下的解释是,战胜欲望,回归于礼。后者接近于朱熹《论语集注》对"克己复礼"的解释,该解释在日本耳熟能详。

更重要的是,清代刘文淇在《左传旧疏考正》中指出,"今刊定云"中的"今"指的是唐代。当然,《春秋左氏传》的注释书不可能谈论《论语注疏》中的"今"。正如野间文史明确指出的那样,《论语注疏》中所有晚于刘炫的引文都是从《春秋正义》中转引(照搬)而来的。也就是说,邢昺所做的唯一增补是在开头,即"此注'克'训为'约'"。由此可以看出邢昺对孔颖达《五经正义》的尊崇。

《论语注疏》与"注"(何晏《论语集解》)出现不同解释的地方甚少。这是因为邢"疏"原本就是解释何"注"的。但在这里,《论语注疏》认为《春秋正义》的解释比何"注"更准确,所以直接引用了《春秋正义》。

对《春秋正义》的尊崇,清楚地表明了邢昺的立场,即,他是在《五经正义》的基础上，撰写《论语正义》(《论语注疏》)的。换言之，邢昺只是在《论语》《孝经》《尔雅》中以"疏"补充《五经正义》。那么，邢昺《论语注疏》是否仅仅是对《五经正义》的沿袭呢？

四、忠实于注的《论语注疏》

佛学式、玄学式解释的继承

南朝皇侃《论语义疏》从佛学、玄学的角度解释了《论语》。在邢昺《论语注疏》中,有一部分直接沿用了《论语义疏》中的解释。

先从继承佛学解释的角度加以分析。《论语·为政篇》:"吾十有五而志于学,三十而立,四十而不惑,五十而知天命,六十而耳顺,七十而从心所欲不逾矩。"皇侃《论语义疏》对此解释如下:

【原文】

此章明孔子隐圣同凡,学有时节,自少迄老,皆所以劝物也。志者,在心之谓也。孔子言我年十五而学在心也。十五是成童之岁,识虑坚明,故始此年而志学也矣。

【译文】

　　这一章揭示了孔子为何隐藏自己是圣人的事实,将自己等同于普通人,又为何说学习有时机,建议从少年到老人都要学习的原因。志,即心之所向。孔子之所以说我十五岁,立志做学问,是因为心之所向。十五岁是儿童成熟的年龄,知识和思想变得清晰坚定,正因为如此,人应该在这个年龄志于学问。

划线部分表达了佛教"凡圣不二"的思想。圣人和凡人是平等的。皇侃从佛教思想中寻找圣人孔子的一生之所以能成为普通人楷模的原因。

邢昺《论语注疏》沿袭了这一观点,对该章作如下理解:

【原文】

　　此章明夫子<u>隐圣同凡</u>,所以劝人也。"吾十有五而志于学"者,言成童之岁,识虑方明,于是乃志于学也。

【译文】

　　本章揭示了孔子为何隐藏自己是圣人的事实,将自己等同于普通人,并向他人劝学的原因。"我十五岁立志做学问",指的是在儿童成熟的年龄,知识和思想变得清晰坚定,所以才说要立志做学问。

邢昺沿用了划线部分的佛教思想解释。不仅如此,从中还可以明显地看出,邢昺基本照搬了《论语义疏》的语句。

接下来介绍一个从玄学角度解释的例子。《论语·先进篇》："回也其庶乎，屡空。赐不受命，而货殖焉，亿则屡中。"何晏《论语集解》列举的解释均以玄学为基础。关于颜回"庶几，屡空"，第一种说法是，颜回因接近圣道而经济贫困，却从中找到了乐趣；第二种说法是，颜回经常达到心无邪念的"虚中"状态。皇侃《论语义疏》对此记载如下：

【原文】

解此义者凡有二通。一云：庶，庶几也。屡，每也。空，穷匮也。颜子庶慕于几，故匮忽财利，所以家每空乏而箪瓢陋巷也。故王弼云："庶几慕圣，忽忘财业，而屡空匮也。"又一通云：空，犹虚也。言圣人体寂，而心恒虚无累，故几动即见。而贤人不能体无，故不见几，但庶几慕圣，而心或时而虚。故曰"屡空"。其虚非一。故"屡"名生焉。

【译文】

这段话的意思有两种解释。一说：庶，就是希望达到"几"的境地。屡，就是每次。空，就是穷乏。颜回向往"几"（尚未显露于表面前的微妙迹象），因此，他不在乎财富利益。所以他家常年穷困、吃喝很少、住在陋巷。因此，王弼说："（颜渊）向往'几'并崇拜圣人，忘记了财富和工作，总是生活在贫困中。"另一说：空，是类似于虚的意思。说的是圣人体会到了寂，心中常虚，不受外累，因此，当"几"有动静时，他能立即察觉到。然而，贤人是无法体会到"无"的，因此不会觉察到"几"，只是向往"几"，崇拜圣人，即便如此，他们的心有时也是虚的。因此说"屡空"。那种虚（的状态）并非恒定不变的。因此才产生了"屡"的表达。

关于第一种说法，《论语义疏》引用了王弼《论语释疑》，并进一步从玄学角度展开解释。关于第二种说法，《论语义疏》依据的是王弼在《世说新语·文学》中的如下著名观点：王弼二十岁时去拜访裴徽。裴徽问他："'无'本是万物之源，可是圣人不肯谈论它。但老子却反复地说个没完，这是为什么？"王弼说："圣人体察到了'无'，可是'无'又无法解释清楚，所以言谈间必定涉及到'有'。老子、庄子还没有从'有'中超脱出来，所以要经常去解释那个还掌握得不充分的'无'。"

根据王弼的这些思想，皇侃认为圣人体会的是"寂"，而贤人无法体会"无"。

刑昺《论语注疏》则注疏如下：

【原文】

其说有二。一曰：屡，数也。空，匮也。亿，度也。言回庶几圣道，虽数空匮贫窭，而乐在其中。是美回也。……一曰：屡，犹每也。空，犹虚中也。言孔子以圣人之善道，教数子之庶几，犹不至于知道者，各内有此害故也。其于庶几每能虚中者，唯由颜回怀道深远。若不虚心，不能知道也。

第六章 继承与失去 245

【译文】

　　对此有两种说法。一说：屡就是数。空就是匮。亿就是度。说的是颜回接近圣道，虽然常常穷困潦倒，但他也乐在其中。这是在称赞颜回。……另一说：屡，类似于每次。空，类似于心无杂念。说的是孔子把圣人的善道，教给那些亲近弟子的人，至今不懂得道的人，原因就在于各自的内心都有（愚钝、粗鲁、乖僻、粗心的）缺点。在身边的人中，只有颜回始终心无杂念，（这是）因为（颜回）对道的思虑深远。如果不把心放空，那么就无法懂得道。

　　邢昺《论语注疏》与皇侃《论语义疏》一样继承了玄学式解释，但通过比较可以看出，《论语注疏》沿用的是何晏之说，而不是王弼之说。如前所述，何晏《论语集解》，其解释的核心在"道"的重要性，本章中颜渊"庶几圣道"便是他的论据之一。《论语义疏》引王弼《论语释疑》，说颜回"庶几慕圣"，但其中缺少了最重要的"道"。与此不同，《论语注疏》直接引用何晏注，即"庶几圣道"。

　　关于第二种说法，《论语义疏》按照《世说新语》中的王弼之说来解释，《论语注疏》则沿袭何晏注，将"空"解释为"犹虚中也"。

　　如上所述，邢昺《论语注疏》延续了皇侃《论语义疏》所继承的玄学式解释。不过，在本节所探讨的案例中，皇侃依据的是王弼的解释，而邢昺则是原封不动地沿用了何晏的解释。

事实上，如下所述，《论语注疏》并未沿用《论语义疏》中佛学式、玄学式解释的情况也很多。

对佛学式、玄学式解释的批判

《论语·卫灵公篇》："吾之于人也，谁毁谁誉？如有所誉者，其有所试矣。斯民也，三代之所以直道而行也。"对于上述孔子之言，何晏《论语集解》只引用了包咸注，即"所誉者，辄试以事，不虚誉而已"。而《论语义疏》对"谁毁谁誉"作了如下注释：

【原文】
　　孔子曰："我之于世，平等如一，无有憎爱毁誉之心。"故曰："谁毁谁誉"之也。
【译文】
　　孔子说："我在世界上是平等如一的，并没有憎爱毁誉之心。"所以才说"诋毁了谁？称赞了谁？"

由于孔子视每个人"平等如一"，因此"无有憎爱毁誉之心"。换言之，通过对《论语》的这一解释，皇侃认为孔子也抱有源自佛教的"平等"理想。

而邢昺《论语注疏》对上述内容的解释如下：

第六章　继承与失去　247

【原文】

　　此章论正直之道也。"子曰：吾之于人也，谁毁谁誉"者，毁谓谮害，誉谓称扬。言我之于人，于谁毁，于谁誉，无私毁誉也。"如有所誉者，其有所试矣"者，言所称誉者，辄试以事，不虚誉而已也。

【译文】

　　本章论述正直之道。所谓"子曰：吾之于人也，谁毁谁誉"，毁的意思是诬陷伤害，誉的意思是称许赞扬。说的是，我对于他人，即使伤害某人，称赞某人，毁誉褒贬时也没有个人情感。所谓"如有所誉者，其有所试矣"，说的是如果给予人称赞，每次都会用事实来检验，而不会妄加赞誉。

可见，《论语注疏》并没有完全继承皇侃的佛学式解释。并且，它将本章中孔子的话解释为：毁誉褒贬时没有个人情感；没有经过检验不随便称赞人。换言之，它在何晏引用包咸注"不虚誉"的基础上，又加上了自己的"无私毁誉"的理解，使全文的意思更通达。

此外，邢昺也没有沿用皇侃的玄学式解释。先以《论语集解·泰伯篇》中孔子称赞尧帝德行的一章为例。

【原文】

　　子曰："大哉尧之为君也！巍巍乎！唯天为大，唯尧则之。①荡荡乎，民无能名焉。②巍巍乎，其有成功也！③焕乎其有文章！④"

【译文】

孔子说："尧这样做天子真是了不起啊！（他的圣德）崇高，只有天最伟大，只有尧效法了天道。（尧施行的圣德）广博无边，老百姓简直不知道该怎样说才好！（他的统治）崇高，功绩卓然。出色地制定了文化和制度！"

何晏在②处引用包咸注如下：

【原文】

荡荡，广远之称。言其布德广远，民无能识其名焉。

【译文】

荡荡是广远的代名词。说的是美德传播得如此广远，以至于人们既不知道也叫不出它的名字。

而皇侃《论语义疏》在②处引用王弼的观点如下：

【原文】

王弼曰："圣人有则天之德，所以称'唯尧则之'者，唯尧于时全则天之道也。荡荡，无形无名之称也。夫名所名者，生于善有所章而惠有所存。善恶相倾，而名分形焉。若夫大爱无私，惠将安在？至美无偏，名将何生？故则天成化，道同自然。不私其子而君其臣。凶者自罚，善者自功，功成而不立其誉，罚加而不任其刑。百姓日用而不知其所以然，夫又何可名也？"

【译文】

王弼说："圣人有遵行天道之德，之所以说'唯尧则之'，是因为当时只有尧完全遵行天道。荡荡，是无形无名的代名词。原本，名之所以被命名（为名），是因为有彰显善的地方，有恩惠存在的地方。当善与恶相互对立（从而可以相对比较），就会出现名位与身分。如果大爱无私，那么恩惠在哪里？如果美到极致而不偏不倚，那么名又从何而来？因此，（尧）遵行天道完成教化，道与自然一样。不偏私自己的那个孩子（让他继承帝位），而是把那位臣子（舜）当作君主。奸邪的人自己被惩罚，正直的人自己举功劳，（尧）即使有功劳也不表彰他们，即使有罚也不惩治他们。人们天天运用（尧的道），却不知道（自己）为什么要这样做。本来我们又能给它起什么名字呢？"

皇侃通过引用王弼的《论语释疑》来说明尧的丰功伟绩，在此展开王弼以"无形""无名"贯穿的一段玄学式解释。与此不同，邢昺《论语注疏》解释如下（在此省略译文）。原文部分用波浪线表示，注释用下划线表示：

此章叹美尧也。子曰"大哉尧之为君也！巍巍乎！唯天为大，唯尧则之"者，则，法也。言大矣哉，尧之为君也。聪明文思，其德高大。巍巍然有形之中，唯天为大，万物资始，四时行焉，唯尧能法此天道而行其化焉。"荡荡乎，民无能名焉"者，荡荡，广远之称。言其布德广远，民无能识其名者焉。"巍巍乎，其有成功也"者，言其治民功成化隆，高大巍巍然。"焕乎，其有文章"者，焕，明也。言其立文垂制又著明也。

可见皇侃《论语义疏》此章均采用了王弼的玄学式解释，而《论语注疏》则没有采用王弼之说。而邢昺如上文所引，他的注释基本上沿用了何晏《论语集解》，只在难以理解的地方添加了自己的说明，尽量根据何注作解。

忠实于注

《论语注疏》忠实于何晏注释，对皇侃《论语义疏》中《公冶长篇》引用公冶长懂鸟语的传说作出否定。

公冶长懂鸟语的传说，皇侃《论语义疏》引自《论语释疑》，如下。由于篇幅较长，仅写出译文：

公冶长从卫国回鲁国的路上，听到边境上的鸟儿们在谈论去清溪吃死人肉。过了一会儿，一位老妇人在路上哭泣，问她为什么，她回答说："我的孩子出去了，到现在还没有回来。恐怕已经死了，连遗体在哪里也不知道。"公冶长说："我刚才听到鸟说要去清溪吃肉，恐怕说的就是你儿子吧。"老妇人前去一看，果然发现儿子死了。

老妇人把这件事告诉村长后，村长问她怎么知道儿子死在哪里。老妇人说："我见过公冶长，他是这样告诉我的。"官员说："如果公冶长没有杀人的话，怎么可能知道在哪里？"于是审讯公冶长并将其逮捕入狱。监狱长问："你为什么杀人？"公冶长说："我只是懂鸟语，并没有杀人。"监狱长说："如果真的懂鸟语，就放了你，如果不懂，就要你偿命。"于是将公冶长囚在狱中六十天。

最后一天，有麻雀停在监狱的栅栏上，唧唧喳喳地叫，公冶长听了面带微笑。狱吏去报告监狱长："公冶长听了麻雀鸣叫后发笑，好象是懂得鸟语。"监狱长问公冶长："麻雀说了什么，让你笑了？"公冶长说："麻雀唧唧喳喳，互相说'白莲水边有辆牛车翻了，（装的）粮食翻倒了。牛断了角，洒落的粮食收拾不尽，一起去吃吧。'"监狱长不信，但还是派人去查看，发现他说的确实没错。于是他被释放。

当然，皇侃《论语义疏》也说："此故事出自杂书，未必可信。不过公冶长懂鸟语的故事自古流传已久，所以暂且记下。"

邢昺《论语注疏》对这个故事有如下评价：

【原文】

旧说冶长解禽语，故系之缧绁。以其不经，今不取也。

【译文】

以前传说公冶长能听懂动物的语言，为此入狱。这个故事"不见于经典"，因此现在不采纳。

"不经"一词说明了《论语注疏》的立场。由于南朝佛教的涌入和义疏学的发展，以及魏晋以来"小说"的兴起，这些出自杂书的故事也被掺杂到经学中。尤其是《论语》，由于由许多短章编在一起，有的还没头没尾，因此很容易自由发挥解读或插入故事。皇侃《论语义疏》收集的解释多样且杂乱，而邢昺对《论语》的解释则忠实于经典以及注释本身。

整体性的欠缺

清代纪昀《四库全书总目提要（四库提要）》评价邢昺《论语注疏》，认为它不像皇侃《论语义疏》那般散漫，解释中更注重义理，是汉学转向宋学的关键所在。邢昺《论语注疏》紧扣何晏《论语集解》，力求忠实于注释，可以说是汉唐训诂学，即《四库全书》中"汉学"的集大成之作。事实上，随着邢昺《论语注疏》的问世，皇侃《论语义疏》在中国逐渐销声匿迹，以至于失传。

然而，邢昺《论语注疏》忠实于何注对每一章进行细致解读的做法，也使之缺少自己鲜明的特点。相比之下，郑玄在《论语注》中发展了"郑玄学"，何晏在《论语集解》中强调了"道"，皇侃则在《论语义疏》中引入了佛教观念。不过，这些"古注"的特点并不能在整部《论语》中得到体现。由于《论语》缺乏总结性观点，因此邢昺《论语注疏》既没有突出的独特性阐释，也没有一个整体性论断。

《论语》是由多位作者经过漫长岁月，在不同的时代思想环境下编撰而成的。人们试图解决《论语》整体所呈现的矛盾，希望从中勾勒出一个统一的孔子形象。这种尝试开始于以朱熹《论语集注》为代表的"新注"。换言之，《四库提要》中所说的"宋学"的起点，在邢昺的《论语注疏》中还看不到。

终 章

"古注"与"新注"
——朱熹《论语集注》与江户儒学

到目前为止，本书所涉及的都是朱熹出现之前的"古注"。关于朱熹和《论语集注》，土田健次郎有一本权威著作《论语集注》，已涵盖伊藤仁斋和荻生徂徕的观点，我没有新内容补充。在此，我想参考土田的著作，总结出与前述"古注"相比，朱熹《论语集注》和江户儒学的解释有何特点。

朱熹与朱子学

朱熹，字元晦（后改仲晦），建炎四年（1130年）出生于福建省南剑州尤溪。当时南宋第一代皇帝宋高宗正被金兵追得四处逃窜。朱熹的父亲朱松主张抗金，但这不符合当时的国家政策，为此过着失意的日子。十四岁时，父亲去世，朱熹按照遗嘱拜"武夷三先生"胡籍溪（胡宪）、刘白水（刘勉之）、刘屏山（刘子翚）三人为师。十九岁时，通过了全国科举考试，但他的成绩在 330 名学生中排名第 278 位。二十四岁时，被任命为泉州同安县的主簿（管账主任）。在赴任途中，朱熹结识了他毕生仰慕的老师李侗（李延平），从此摆脱了曾经醉心的禅宗，投身于道学（宋学，朱熹为集大成者）。三十四岁时，李侗去世，之后与张栻（张南轩）相识，张栻在心性和修养方法上对他影响很大。四十岁时，朱熹确立了以"理气二元"论为核心的"朱子学"框架。

朱熹本人称自己的学说为"道学"或"理学"，而这原本是北宋时期兴起的新儒教一派的称呼，他自认为是该学派的正统后继者。该学派的先驱者包括周敦颐、张载、程颢（程明道）、程颐（程伊川）等人。作为士大夫，他们对皇帝和百姓负责，努力"修身治国"。朱熹继承了他们的学问，认为他们是通过"理"和"气"来认识世界的。

"气"是一种气态的连续性物质，充满了宇宙，是构成物体的基础，而"理"是其中固有的秩序和法则。朱熹用它们概括包罗万象的复杂世界，成功地把握、阐释了从宇宙到人类的天地间一切现象。

存在论（宇宙论）：宇宙最初充满混沌之气，但最终经过回旋翻动，在中央凝结的气形成了地，环绕在周围的较轻的气形成了天。然后，通过阴（地）气和阳（天）气的融合，产生了万物。在这种情况下，只要有气，就必然有内在的理，并赋予其秩序。虽然理与气紧密相连，但它们又是不同的存在。

自然学：风雨等自然现象是由阴阳之气的运动引起的。其内在机理就是"阴阳之理"。

伦理学：理与气的关系转移到理与"事"的关系。"事"具体指人与人之间的关系，如君臣、父子，其中的理就是五行，即仁、义、礼、智、信。这些都是人类与生俱来的。在现实的人际关系中，它之所以完全没有被发现，是由于后天的障碍造成的，而克服这种障碍是每个人的课题。

人性论：人也是由气构成的，但同时又被赋予了理。这种内在的理被称为"性"，细分为仁、义、礼、智、信。因此，人性本善。然而，当理的显现受到气的阻碍时，人就无法完全实现自我。这就好比一颗宝珠沉入浑水水底时的状态。这颗宝珠被称为"本然之性"（固有的善），而宝珠和浑水的整体则被称为"气质之性"（现实状态的性）。此外，宝珠被称为"天理"和"道心"，浑水被称为"人欲"和"人心"。并且，按照公私之分，有时前者被视为"天理之公"，后者被视为"人欲之私"。后者会生恶，因此人虽然有善性，却有走向恶的危险。为此需要"工夫"（修业），以便克服人欲之私，回归天理之公。

单纯罗列概念会让人费解，不妨例举他对《论语》的一些解释。如前述"古注"中涉及的《颜渊篇》"克己复礼为仁"一句，朱子将其解读为"克制自己的私欲，使言行举止合乎礼则为仁"，解释如下（主要参照土田健次郎的现代日语译文，下同）："仁"是本然之心中美德的总和，"克"就是战胜，"己"指的是自己身体里的私欲，"复"就是回归，"礼"指的是合乎天理的人类秩序，"为仁"是表达内心所蕴含的全部美德的一种方式。心中具备的全部美德就是天理本身。但它又不可能不被人的欲望所打破。因此，如果一个人践行仁义，从而克服私欲，回归礼义，那么他的一切活动都将符合天理，而心中原有的美德也将恢复到最初的完美状态。……如果每天都能战胜私欲，不把它当作困难的事情而畏惧，那么私欲就会消失干净，天理就会无处不在，仁义就会用之不尽。……

朱子学的整体性

朱熹的解释总是清晰而合理的，但实际上并非一读就能理解。它具有整体性，只有掌握朱子学的概念才能够清楚地理解，这一点是与邢昺《论语注疏》等"古注"最大的区别。一直到清朝，如果知识分子不了解朱子学，就无法通过科举考试，因此，邢昺《论语注疏》被朱熹《论语集注》取代也就不足为奇了。倘若一定要从"古注"中挑出一个可与之媲美的，大概就是需以理解"郑玄学"为前提的郑玄《论语注》。不过，郑玄并没有在每一章都阐述"郑玄学"。相比之下，朱熹是从朱子学的角度来解读整部《论语》的。因此，理解朱子学的概念至关重要。下面继续探讨。

心理学：人的心也是由气构成的。然而，心的最内层是理，即性。当心受到外物的触动而动时（从未发到已发），性就会随着气从心的深处浮现到表面。这就是"情"。所有性的变化都是情，可以定义为四端和七情。四端指的是恻隐（仁的表现）、羞恶（义的表现）、辞让（礼的表现）、是非（智的表现）。七情指的是喜、怒、哀、乐、爱、恶（恨）、欲。因为性是善的，因此即便它动了，变成为情，也应该原封不动地实现善，但在已发的过程中，它被气扭曲了，因此无法作为完整的善发出。于是他提出了"未发的涵养"和"已发的省察"两个概念。前者是通过静坐来养护心之本源的方法，从而保证正确地发现情；而后者是在已发的瞬间检查情是否正确的方法，如果不正确就消除它，如果正确就不断扩大它。扬弃了两者之后的就是"居敬"（心的专注）。

认识论：追求寓于事物之中的理，这被称为"穷理"或"格物致知"。当积累了一事一物的真相时，就会突然"豁然贯通"（一种顿悟）。

宗教哲学：人是由气构成的，气中存在着发挥神秘功能的东西，它被称为"魂"和"魄"。魂涉及精神，而魄涉及肉体。人死后，魂升天成为"神"（祖灵），魄则入地成为"鬼"。当子孙在祭祀祖先的庙堂中举行祭祀活动时，天上的"神"会被子孙的诚意所感动，降临祭祀现场。然而，时间一长，这些"神"，也就是气，最终会消失得无影无踪。

宗教哲学在中国被称为"鬼神论"。在《论语》中，"鬼神"并没有得到积极的对待。《先进篇》提到子路问侍奉"鬼神"之事："季路问事鬼神。子曰：'未能事人，焉能事鬼？'曰：'敢问死。'曰：'未知生，焉知死？'"朱熹对此解释如下：之所以询问侍奉鬼神的问题，是因为想知道进行祭祀的意义。此外，死亡是人无法逃避、必须了解的事情。这些都是现实的问题。然而，如果不能很好地以真诚、恭敬之心为生者服务，那么就不可能为灵魂服务。如果不去寻找自己的起点，知道自己为何而生，那么就无法回首往事，看到自己生命的终点，知道自己为何而死。毕竟，幽和明、始和终之间本来就没有两种道理。不过，学习是有顺序的，不能跳过任何阶段。因此孔子才如此说道。

朱子学远比这里列出的更具有系统性，但朱熹最重视的是人与社会的问题。他高喊北宋道学者提倡的"圣人必可学而至"（通过不断学习和修炼可以成为圣人）的口号，鼓舞士大夫们。这种修炼方法就是"居敬穷理"。朱熹认为，仅凭"居敬"很难看清现实世界道路，仅凭"穷理"也很难保持积极进取的心态。简言之，朱熹要求士大夫既要有卓越的才能又要有优秀的人格。此外，朱熹还要求"践履"（社会实践）。朱熹自己也到地方上做官，致力于稳定民生。他热心地教导学生也是一种社会实践。

然而，朱熹在世时，朱子学仅在地方上有些影响力。朱熹晚年又发生了"伪学之禁"事件，一度导致朱子学濒临消失。尽管如此，弟子们的活跃还是让朱子学逐渐在社会上站稳了脚跟。一方面，元代延佑元年（1314年），朱熹撰写的经典解释被选为科举考试的教科书。此后的六百多年间，朱子学成了官学。然而，一旦成为显学，朱子学便成了立身处世、飞黄腾达的一种手段，而这本是朱熹所厌恶的。另一方面，继承和发展朱子学的阳明学崛起。17世纪的日本，在对朱子学的否定过程之中，形成了两个独特的学派，即"仁斋学"和"徂徕学"。

伊藤仁斋的《论语古义》

伊藤仁斋于宽永四年（1627年）出生于京都的一个富商家庭。他的亲戚里有角仓了以、本阿弥光悦、尾形光琳等人。伊藤仁斋自学朱子学，曾醉心于其中的理气二元论。然而，他是一个重视主观直觉思维的人，不久便脱离了以客观认知为前提的朱子学，转而致力于佛教和道家学说的研究。最终，又重新肯定儒教，创立了"仁斋学"。

仁斋学旨在挑战朱子学，提倡摒除朱熹《论语集注》已有注释，直接、仔细地阅读《论语》和《孟子》。仁斋的家塾和学说之所以被称为古义堂和古义学（仁斋学），就是因为仁斋主张摒除朱子的注释，解读原著以寻找圣人本意，通过理解圣人的本意和逻辑，从而理解儒教的"含义"（经书各部分的独立宗旨）和"血脉"（正统思想）。这就是所谓的"含义血脉"

图13　日本人曾经阅读的《论语》　　　　　　渡边义浩提供

论。具体而言，他根据结构特点及形式差异将《论语》《孟子》分为上下两部分，将《中庸》分为符合圣人教诲的部分和不慎混入其他书籍的部分，并认定《大学》是违背儒家正统思想的书籍。

此外，他否定朱子学的理气二元论，认为理不是实体，只是一种规律，而充盈于天地之间的是一元之气，万物由气的运动而生。这就是"气一元"论。他区分天道（自然界）、天意（世界的主宰）和人道（人类社会），认为天道的发展可以通过气的运动规律来认识，而天意是不可知的，只能接受；人道的规律则是人固有的仁义（道德），而不是气的运动。仁义可以通过扩展人的自然本性，并结合社会习惯和人情来实现，但在此过程中，必须尊重个人生活，只强调至公（统一的普遍性）是有害的。这种道德论，被称为"人情"论。

因此，伊藤仁斋在解读《论语》时，也将全部注意力集中在个人的日常道德上。在此，以何晏《论语集解·学而篇》中的"孝弟也者，其为仁之本与"为例，来看看仁斋的解释：

> 朱子根据"体用"论，认为理就是"仁"（体），是道德实践即"孝悌"（用）的依据，将其解读为"所谓孝悌，是为仁的根本吧"，这是不正确的。由于"仁"是日常的实践道德本身，因此"孝悌"就会导致"仁"的实现。因此，这里应该解读为"所谓孝悌，就是仁的基础"吧。

就结果而言，仁斋的解读与何晏相同。仁斋反对朱熹在贯穿天人的"理"的思想背景下对"仁"进行解释。即，仁斋否定朱熹从宇宙论上赋予其意义，试图将"仁"限定为日常的实践道德。

荻生徂徕则对仁斋上述观点提出了批评，认为仁斋没有理解"仁"是天下统治之道，"孝悌"的实践是为了维护整个天下的秩序，而不是个人道德高下的事情。

徂徕的《论语征》

荻生徂徕于宽文六年（1666年）出生于江户，是幕府将军德川纲吉的医官荻生方庵的次子。将军纲吉曾向他咨询政治问题，他还是纲吉的学术顾问。四十岁时，他发奋学习，决定研究古文辞。山县周南、服部南郭、太宰春台等人也都是他的弟子。他反对堀河学派（伊藤仁斋）、新井白石、室鸠巢等人的学说，同时构建起自己独特的儒学体系，称为"徂徕学"，旨在通过古文辞学重新诠释儒教，并取代朱子学。

徂徕学的独创性在它对"道"的定义中体现得淋漓尽致。徂徕认为，所谓"圣人之道"是指安定天下的举措，具体指的是尧、舜等中国古代理想君主们（先王）制定的政治制度。此时，徂徕是将道德等涉及个人内部的问题排除在儒学的管辖范围之外。因此，徂徕学有两个特点：其一，强烈的政治倾向；其二，对人性的宽容，这源于它不讨论道德的事实。基于这些观点，徂徕写了一本名为《政谈》的书，在书中他提出了自己的制度改革理论,并将其呈献给幕府将军德川吉宗。

荻生徂徕对于《论语·学而篇》的"学而时习之,不亦说乎"阐释如下:

> 朱子认为"学"的内容重在心里的性,但"学"并非为解决个别人的心性问题,说到底是要学习"先王之道",即"安民之道",也就是天下统治之道。首先,《论语》每章开头的"子曰"中的"子"是男子的美称,同时也是大夫的美称。王和诸侯是世袭的,但大夫和士不是世袭的,士是凭借自己的能力和功劳成为大夫的。孔子是士族出身,最终成了大夫,因此没有资格实现"先王之道"。他只是学习"先王之道"并将其传承下去的人。因此,《论语》开篇有这样一句话,恰如其分地概括了孔子学习的特点。顺便提一下,在本章中,如果没有特别提到"学"的对象,就是指学习"先王之道"。

如上所述,关于"学"的问题,朱熹把它看作是开发每个人内心善性的方法,而徂徕则认为终归要学安天下万民的"先王之道"。

果真如此吗?孔子在说"学而时习之,不亦说乎"时,是否想到了这一点呢?这就是我不愿意根据朱子学或朱子学反对者,如伊藤仁斋和荻生徂徕等人的观点来解读《论语》的原因。在东亚,学者们通过评论经典来表达自己的思想,而不是像西欧哲学那样,通过撰写自己的著作来表达自己的思想。这是一种表达方式，不应予以否认。但我转念一想，经典作品愿意被这样解读吗？想到这里，我便无法认同"新注"的解读方式，因为这种方法在解读经典时过于拘泥于自己的体系。这也是我一直用"古注"读《论语》，逐章逐句解读的原因。

了解"古注"的意义

"古注"缺乏系统性。换言之，"古注"并没有考虑到《论语》的整体特点。与此不同，朱熹以理和气贯通宇宙观、人性论、道德观，将孔子视为宇宙大道的完美化身；伊藤仁斋摒弃宇宙大道，专注于个人的日常道德；荻生徂徕则认为孔子传达了先王开创的治国之道。

在不足五百章的《论语》中，郑玄根据"郑玄学"对《论语》的诠释，何晏对道的重视以及对舜帝无为的论述，皇侃的佛学式解释，只涉及了不到十章的内容。对于其余篇章，"古注"都尝试贴近《论语》写作的时代和人物，探寻他们的写作意图，但并非所有内容都可以得到完美的解释。在某些情况下，朱熹《论语集注》提出的解释更为合理。

尽管如此，"古注"还是向我们原封不动地传达了《论语》的矛盾之处，因为《论语》是由多位作者经过漫长岁月，在不同的思想环境下编撰而成的。解开这些矛盾，我们或许就可以推测《论语》的形成过程，探索孔子的原始教义了吧！

谨以此书抛砖引玉，与诸位共勉！

《论语集解》摘译

本书所涉及的《论语》章节均选自何晏《论语集解》[1]，并附有译文。阿拉伯数字表示各篇的章节序号。

---

[1] 汉语原文参考何晏《论语集解》（商务印书馆，2023）。出现章节序号等不同的，以日文原稿为准。——译者注

学而篇第一

1　子曰:"学而时习之,不亦说乎?有朋自远方来,不亦乐乎?人不知,而不愠,不亦君子乎?"

【译文】

孔子说:"学了,然后在适当的时候去复习它,不也高兴吗?有朋友从远方前来拜访,不也快乐吗?别人不了解(自己),我却不怨恨,不也是君子吗?"

2　有子曰:"其为人也孝弟,而好犯上者鲜矣。不好犯上而好作乱者,未之有也。君子务本,本立而道生。孝弟也者,其为仁之本与?"

【译文】

有子说:"为人孝顺父母、敬爱兄长,却喜欢犯上,这种人很少啊。不喜欢犯上,却喜欢作乱,这种人是不会有的。(正因如此)君子行事致力于根本。确立了根本之后,(那个人)将大有作为。孝悌,就是仁的根本吧!"

3　子曰:"巧言令色,鲜矣仁。"

【译文】

孔子说:"花言巧语,容色伪善,这样的人仁德很少啊。"

13 有子曰:"信近于义,言可复也。恭近于礼,远耻辱也。因不失其亲,亦可宗也。"

【译文】

有子说:"所守信约符合义,(这些)话才能反复地说。态度恭敬合乎礼,才能远离耻辱。所亲近的对象没有失去其亲近之人,也能获得尊重。"

15 子贡曰:"贫而无谄,富而无骄,何如?"子曰:"可也。未若贫而乐,富而好礼者也。"子贡曰:"《诗》云:'如切如磋,如琢如磨。'其斯之谓与?"子曰:"赐也,始可与言《诗》已矣,告诸往而知来者。"

【译文】

子贡说:"贫穷却不谄媚,富有却不骄纵,这样的人怎么样?"孔子说:"算可以了。(但是)还不如虽贫穷却乐于道,纵富有却好礼的人。"子贡说:"《诗经》(卫风·淇奥)上说:'如切(骨),如削(象牙),如琢(玉),如磨(石)。'就是这样的意思吧?"孔子说:"赐呀,现在可以同你讨论《诗经》了,告诉你之前的事情,你就能领会(我还没说到的)后面的意思了。"

为政篇第二

1 子曰:"为政以德,譬如北辰,居其所而众星共之。"

【译文】

孔子说："如果把无为当作为政之道,那就好比北极紫薇星处在它的位置上,而众星都会向它表示敬意。"

3　子曰:"道之以政,齐之以刑,民免而无耻。道之以德,齐之以礼,有耻且格。"

【译文】

孔子说："用政令来训导他们,用刑罚来整顿他们,百姓只免于(犯罪),却没有廉耻之心。用道德来引导他们,用礼制来约束他们,百姓有廉耻之心,归于正道。"

4　子曰:"吾十有五而志于学,三十而立,四十而不惑,五十而知天命,六十而耳顺,七十而从心所欲不逾矩。"

【译文】

孔子说："我十五岁,立志做学问;三十岁(学问)有成;四十岁,不再犹疑困惑;五十岁,得知天命;六十岁,开始真诚地聆听话语;到了七十岁,即便随心行事,也不会逾越规矩了。"

9　子曰:"吾与回言终日,不违,如愚。退而省其私,亦足以发,回也不愚。"

【译文】

孔子说："我整天和颜回讲学,(颜回)从来不问问题,(沉默地)像个傻瓜一样。(但颜回)退下之后,当我观察他

《论语集解》摘译　273

私下与朋友交谈时,他把我所说的讲得很清楚。可见颜回并不是傻瓜。"

16　子曰:"攻乎异端,斯害也已。"
【译文】
孔子说:"研攻异端杂学,不过带来危害罢了。"

24　子曰:"非其鬼而祭之,谄也。见义不为,无勇也。"
【译文】
孔子说:"不是自己祖先的神灵却去祭祀他,这是谄媚。看到该做的事却不去做,这是缺乏勇气。"

八佾篇第三

1　孔子谓季氏:"八佾舞于庭,是可忍也,孰不可忍也?"
【译文】
孔子批评季氏,说:"在(家庙的)庭院中表演(明明是陪臣,却用了只有天子或鲁国公才能用的)八佾之舞,如果对这样的事情也能够容忍,那么还有什么事情是不能够容忍的呢?"

16　子曰:"射不主皮,为力不同科,古之道也。"
【译文】
孔子说:"射箭,不以射穿箭靶为目标,人的力量各不相同,

（这）是古时的规矩。"

21　哀公问社于宰我。宰我对曰："夏后氏以松，殷人以柏，周人以栗，曰使民战栗。"子闻之曰："成事不说，遂事不谏，既往不咎。"

【译文】

鲁哀公问宰我关于祠堂（里种的树）的事情。宰我回答说："夏朝用松木，殷朝用柏木，周朝用栗木，（使用栗木是为了）让百姓战栗吧。"孔子听到这些话说："已经发生的事无法解释，已经结束的事无法再劝谏，已经过去的事无法谴责。"

25　子谓《韶》："尽美矣，又尽善也。"谓《武》："尽美矣，未尽善也。"

【译文】

孔子评价（舜时的乐曲）《韶》，说："美极了，而且好极了。"评价（周武王时的乐曲）《武》，说："美极了，却不够好。"

里仁篇第四

1　子曰："里仁为美。择不处仁，焉得知？"

【译文】

孔子说："住的地方要有仁德之人为好。（自行）选择，

《论语集解》摘译

却不住在有仁德之人的地方,怎么能说是聪明呢?"

4 子曰:"苟志于仁矣,无恶也。"
【译文】
孔子说:"真的立志追求仁,就不会有什么恶行。"

8 子曰:"朝闻道,夕死可矣。"
【译文】
孔子说:"早晨得知道理,要我当晚死去,都可以。"

15 子曰:"参乎!吾道一以贯之。"曾子曰:"唯。"子出,门人问曰:"何谓也?"曾子曰:"夫子之道,忠恕而已矣。"
【译文】
孔子说:"参呀!我的学说贯穿着一个基本观念。"曾子说:"是。"孔子走出去以后,别的弟子问道:"这是什么意思?"曾子说:"老师的学说,就是忠恕二字。"

18 子曰:"事父母几谏。见志不从,又敬不违,劳而不怨。"
【译文】
孔子说:"侍奉父母,(发现他们有不对的地方时)要委婉地劝止。(即便如此)看到(父母的)心仍没有听从,还是要恭恭敬敬,不违逆他们,即使忧心但也不怨恨。"

公冶长篇第五

1 子谓公冶长："可妻也。虽在缧绁之中，非其罪也"。以其子妻之。

【译文】

孔子说公冶长："可以（把我的女儿）给他做妻子。他虽然（作为罪人）曾被关在监狱之中，但不是他的罪过。"便把自己的女儿嫁给了他。

4 子贡问曰："赐也何如？"子曰："女，器也。"曰："何器也？"曰："瑚琏也。"

【译文】

子贡问说："我是一个什么样的人？"孔子说："你像一件器皿。"（子贡）说："什么样的器皿呀？"（孔子）说："（宗庙祭祀时盛粮食的贵重器皿）瑚琏。"

7 子曰："道不行，乘桴浮于海。从我者，其由与？"子路闻之喜。子曰："由也好勇过我，无所取材。"

【译文】

孔子说："（我理想的）道路行不通了，（不如）坐个（小）木筏出海吧。跟随我的恐怕只有仲由吧！"子路听到这话很高兴。孔子说："仲由在好勇这点上超过我啊。（但木筏的）材料恐怕是买不到吧。"

9 子谓子贡曰："女与回也孰愈？"对曰："赐也何敢望回？回也闻一以知十，赐也闻一以知二。"子曰："弗如也，吾与女弗如也。"

【译文】

孔子对子贡说："你和（颜）回比，谁更加出色？"（子贡）回答说："我怎么敢像颜回（一样）呢？颜回听说一个道理，能够悟出十个道理，我听说一个道理，（只不过）能明白两个道理。"孔子说："比不上他啊。我和你（都）比不上（回）啊。"

23 子在陈，曰："归与！归与！吾党之小子狂简，斐然成章，不知所以裁之。"

【译文】

孔子在陈国时，说："回去吧！回去吧！我家乡的年轻人抱着进取大志，像布匹般，已织得文采斐然，但还不知怎样裁剪（我回去帮他们剪裁）。"

24 子曰："伯夷、叔齐，不念旧恶，怨是用希。"

【译文】

孔子说："伯夷、叔齐不记旧仇，因而怨恨也就几乎没有了。"

雍也篇第六

3 哀公问："弟子孰为好学？"孔子对曰："有颜回者好学，

不迁怒,不贰过。不幸短命死矣。今也则亡,未闻好学者也。"

【译文】

(鲁)哀公问(孔子):"(你的)弟子中,哪个好学?"孔子回答说:"有一个叫颜回的人好学,不把怒气(从理性中)发泄出来,也不犯同样的错误。(但)不幸的是,他年纪轻轻就死了。(所以)现在再没有这样的人了,我没听说过(有人)喜欢学习。"

22 樊迟问知。子曰:"务民之义,敬鬼神而远之,可谓知矣。"问仁。曰:"仁者先难而后获,可谓仁矣。"

【译文】

樊迟问智。孔子说:"致力于民(的教导),尊敬鬼神但远离它,就可以算是智了。"(樊迟)问仁。(孔子)说:"仁德之人先做难事而后收获(功劳),就可以算是仁了。"

24 子曰:"齐一变,至于鲁。鲁一变,至于道。"

【译文】

孔子说:"齐国如果(被明君)改变,就会像鲁国一样。如果鲁国有什么变化,就会像(实行)大道的时代一样。"

30 子贡曰:"如有博施于民而能济众,何如?可谓仁乎?"子曰:"何事于仁,必也圣乎!尧、舜其犹病诸!夫仁者,己欲立而立人,己欲达而达人。能近取譬,可谓仁之方也已。"

《论语集解》摘译　279

【译文】

子贡说："如果能够对人们广施（恩惠），能够（从患难中）拯救民众，怎么样？可以说是仁吗？"孔子说："岂止是仁啊！一定是圣德了！恐怕尧舜也会觉得难以做到吧！原本仁德的人，就是自己想站得住，也要让他人站得住，自己想腾达，也要让他人腾达。能够以（自己）身边的事情为例来考虑（他人），（这些才是）可以实行仁道的方法。"

述而篇第七

1　子曰："述而不作，信而好古，窃比于我老彭。"

【译文】

孔子说："阐述但不制作，相信并喜爱古代文化，我私下把自己比作老彭。"

5　子曰："甚矣吾衰也，久矣吾不复梦见周公。"

【译文】

孔子说："我衰老得多么厉害呀！我好长时间没再梦见周公了！"

6　子曰："志于道，据于德，依于仁，游于艺。"

【译文】

孔子说："敬仰道，据守德，依靠仁，游憩于六艺。"

15 冉有曰："夫子为卫君乎？"子贡曰："诺，吾将问之。"入，曰："伯夷、叔齐何人也？"曰："古之贤人也。"曰："怨乎？"曰："求仁而得仁，又何怨？"出，曰："夫子不为也。"

【译文】

冉有说："老师会帮助（离开的）卫国君主（出公）吗？"子贡说："好的，我去问问他。"子贡走进（屋里），说："（从孤竹国离开的）伯夷、叔齐是什么样的人？"孔子说："是古代的贤人。"（子贡）说："（对离开的事情）抱有怨恨吗？"（孔子）说："他们求仁德，便得到了仁德，又有什么可怨恨的呢？"（子贡从屋子）走出后说："老师不会帮助（卫君）。"

17 子曰："加我数年，五十以学《易》，可以无大过矣。"

【译文】

孔子说："我（的年龄上）再加几年，到五十岁学习《易经》，就不会犯大的过错了吧。"

26 子曰："圣人，吾不得而见之矣。得见君子者，斯可矣。"

【译文】

孔子说："圣人，我是不可能见到了。能够见到君子，就可以了。"

27 子曰："善人，吾不得而见之矣。得见有恒者，斯可矣。亡而为有，虚而为盈，约而为泰。难乎，有恒矣。"

《论语集解》摘译

【译文】

孔子说:"善人,我是不可能见到了,能见到始终如一的人,就可以了。(无法始终如一的人)没有却装作有,空虚却装作充盈,穷困却装作富足。要保持始终如一真难啊。"

泰伯篇第八

3 曾子有疾,召门弟子曰:"启予足,启予手。《诗》云:'战战兢兢,如临深渊,如履薄冰。'而今而后,吾知免夫!小子!"

【译文】

曾子病重,召集门下弟子们,说道:"(掀开被子)打开我的脚,打开我的手。《诗》(小雅·小旻)上说:'恐慌不安地(谨慎地),就像望向深渊,踩在薄冰上行走。'从今而后,我知道再也不需要(那种担心)了!弟子们!"

9 子曰:"民可使由之,不可使知之。"

【译文】

孔子说:"老百姓,可以让他们运用道,却不可以让他们理解它。"

18 子曰:"巍巍乎!舜、禹之有天下也,而不与焉!"

【译文】

孔子说:"舜和禹对天下的统治真是崇高啊!尽管如此,

却未曾（主动）求（天下）而得之！"

19 子曰："大哉尧之为君也！巍巍乎！唯天为大，唯尧则之。荡荡乎，民无能名焉。巍巍乎，其有成功也！焕乎其有文章！"

【译文】

孔子说："尧这样做天子真是了不起啊！（他的圣德）崇高，只有天最伟大，只有尧效法了天道。（尧施行的圣德）广博无边，老百姓简直不知道该怎样说才好！（他的统治）崇高，功绩卓然。出色地制定了文化和制度！"

子罕篇第九

16 子畏于匡，曰："文王既没，文不在兹乎？天之将丧斯文也，后死者不得与于斯文也。天之未丧斯文也，匡人其如予何？"

【译文】

孔子在匡城遭遇危难，（如下）说道："周文王殁去以后，（周朝的）文化不都在我这里吗？上天若是要消灭这种文化，那么后世的我也不会掌握这些文化了。（换言之）上天若是不想消灭这种文化，那匡人又能把我怎么样呢？"

31 "唐棣之华，偏其反而。岂不尔思，室是远而。"子曰：

"未之思也,夫何远之有哉。"

【译文】

(诗中说:)"唐棣的花儿呀,翩翩地摇曳啊,难道我不思念你吗?只是住得太遥远了。"孔子说:"还是没有(真的)思念呀,(真的思念的话)没有什么是遥远的。"

先进篇第十一

2 子曰:"从我于陈、蔡者,皆不及门也。"德行:颜渊、闵子骞、冉伯牛、仲弓。言语:宰我、子贡。政事:冉有、季路。文学:子游、子夏。

【译文】

孔子说:"跟随我在陈国和蔡国(受困)的弟子们,都是没能做官的人。"德行方面:颜渊、闵子骞、冉伯牛、仲弓。言辞方面:宰我、子贡。政事方面:冉有、季路。文学方面:子游、子夏。

6 季康子问:"弟子孰为好学?"孔子对曰:"有颜回者好学,不迁怒,不贰过。不幸短命死矣,今也则亡,未闻好学者也。"

【译文】

季康子问(孔子):"(你的)弟子中,哪个好学?"孔子回答说:"有一个叫颜回的人好学,不把怒气(从理性中)

发泄出来,也不犯同样的错误。(但)不幸的是,他年纪轻轻就死了。(所以)现在再没有这样的人了,我没听说过(有人)喜欢学习。"

9 颜渊死,子哭之恸。从者曰:"子恸矣!"曰:"有恸乎?非夫人之为恸而谁为?"

【译文】

颜渊死了,孔子悲痛得嚎啕大哭。跟着孔子的人说:"老师您痛哭流涕了!"孔子说:"我痛哭了吗?我不为那个人(颜渊)大哭,还为什么人呢!"

11 季路问事鬼神。子曰:"未能事人,焉能事鬼?"曰:"敢问死。"曰:"未知生,焉知死?"

【译文】

季路(子路)问侍奉鬼神的事情。孔子说:"还不能够侍奉人,怎么能够侍奉鬼呢?"(季路)说:"我大胆地请问死是怎么回事?"孔子说:"还不懂得生,怎么懂得死?"

12 闵子侍侧,訚訚如也;子路,行行如也;冉有、子贡,侃侃如也。子乐。"若由也,不得其死然。"

【译文】

闵子骞站在(孔子)身旁,恭敬而正直的样子;子路是勇猛的样子;冉有、子贡是温和的样子。孔子很高兴。(孔子)说:"像仲由(子路)这样,恐怕得不到善终吧。"

《论语集解》摘译

17 柴也愚，参也鲁，师也辟，由也喭。子曰："回也其庶乎，屡空。赐不受命，而货殖焉，亿则屡中。"

【译文】

柴（高柴）愚笨，参（曾参）迟钝，师（子张）偏激，由（子路）鲁莽。孔子说："回（颜回）已经接近（圣道）了吧，可常常很穷。赐（子贡）不听（我的）吩咐而去做生意，猜测行情往往很准。"

颜渊篇第十二

1 颜渊问仁。子曰："克己复礼为仁。一日克己复礼，天下归仁焉。为仁由己，而由人乎哉？"颜渊曰："请问其目。"子曰："非礼勿视，非礼勿听，非礼勿言，非礼勿动。"颜渊曰："回虽不敏，请事斯语矣。"

【译文】

颜渊问仁。孔子说："约束自己，一切都按照礼的要求去做，就是仁。即便只有一天，只要约束自己，一切都按照礼的要求去做，天下（众生）就都归于仁了。实践仁德，全凭自己，为何要靠别人？"颜渊说："请告诉我具体的做法。"孔子说："不合礼的事不看，不合礼的话不听，不合礼的话不说，不合礼的事不做。"颜渊说："我虽然迟钝，但也会按照您的话去做。"

2 仲弓问仁。子曰："出门如见大宾，使民如承大祭。己所不欲，勿施于人。在邦无怨，在家无怨。"仲弓曰："雍虽不敏，请事斯语矣。"

【译文】

仲弓（冉雍）问仁。孔子说："出门时如同去见贵宾一样，役使百姓时如同承办重大祭典一样。自己不想要的东西，就不要强加给别人。（如果这样的话）在诸侯国时不会被人怨恨，在卿大夫家里也不被人怨恨。"仲弓说："我虽然愚笨，但也会按照您的话去做。"

20 子张问："士何如斯可谓之达矣？"子曰："何哉，尔所谓达者？"子张对曰："在邦必闻，在家必闻。"子曰："是闻也，非达也。夫达也者，质直而好义，察言而观色，虑以下人。在邦必达，在家必达。夫闻也者，色取仁而行违，居之不疑。在邦必闻，在家必闻。"

【译文】

子张问："读书人要怎样做才可以叫达了？"孔子说："你所说的达是什么意思？"子张答道："在邦国中有名望，在卿大夫家里也有名望。"孔子说："这个叫闻，不叫达。达者品性正直，喜好大义，善于分析别人的言语，观察别人的脸色，愿意对别人谦让。（对人谦让所以）在国做官时必定显达，在卿大夫家做事时也必定显达。至于闻者，表面上似乎爱好仁德，实际行为却不如此，安于伪装而不怀疑自己。（但因为这种人很多，相互显摆）所以在邦国中有名望，在卿大夫家里也有名望。"

22 樊迟问仁。子曰："爱人。"问智。子曰："知人。"樊迟未达。子曰："举直错诸枉，能使枉者直。"樊迟退，见子夏曰："乡也吾见于夫子而问知，子曰：'举直错诸枉，能使枉者直。'何谓也？"子夏曰："富哉言乎！舜有天下，选于众，举皋陶，不仁者远矣。汤有天下，选于众，举伊尹，不仁者远矣。"

【译文】

樊迟问仁。孔子回答说："关爱人。"又问智。孔子回答说："善于识别人。"樊迟还不完全明白。孔子说："提拔正直的人，置于邪恶之人之上（取代他），就能够使邪恶之人变正直。"樊迟退出后，见到子夏，说道："刚才我去见老师，问他什么是智，老师说：'提拔正直的人，置于邪恶之人之上（取代他）。'这是什么意思？"子夏说："多么深刻的一句话呀！舜有了天下，在众人之中挑选，选用了皋陶，不仁的人就走得远远的了。汤有了天下，在众人之中挑选，选用了伊尹，不仁的人就走得远远的了。"

子路篇第十三

3 子路曰："卫君待子而为政，子将奚先？"子曰："必也正名乎！"子路曰："有是哉，子之迂也！奚其正？"子曰："野哉，由也！君子于其所不知，盖阙如也。名不正，则言不顺；言不顺，则事不成；事不成，则礼乐不兴；礼乐不兴，则刑罚不中；

刑罚不中，则民无所错手足。故君子名之必可言也，言之必可行也。君子于其言，无所苟而已矣。"

【译文】

子路说："若卫国国君请老师您去治理国事，您准备首先做什么？"孔子说："那一定是正（一切的）名分吧！"子路说："是这件事啊，您实在太迂腐了！为什么要正名呢？"孔子说："看来（子路）你不明白啊！君子对于他所不懂的，会采取保留态度而闭口不言。名分不正，说话就不顺当；说话不顺当，政事就办不成；政事办不成，礼乐就无法兴盛；礼乐不兴盛，刑罚的执行就不会得当；刑罚不得当，百姓就不知道该怎么办（而惶惶不安）。所以君子如果定下名分，就必须能够说得明白。说得明白就一定行得通。君子对于自己的言论，是从不马马虎虎对待的。"

9 子适卫，冉有仆。子曰："庶矣哉！"冉有曰："既庶矣，又何加焉？"曰："富之。"曰："既富矣，又何加焉？"曰："教之。"

【译文】

孔子到卫国去，冉有驾车。孔子说："（百姓）真是多啊！"冉有说："已经人口众多了，下一步再做些什么呢？"（孔子）说："让他们富起来。"（冉有）说："已经富有了，下一步再做些什么呢？"（孔子）说："教化他们。"

《论语集解》摘译　289

宪问篇第十四

26　子曰："古之学者为己，今之学者为人。"

【译文】

孔子说："以前的学者做学问是为了自己，现在的学者做学问是为了给别人看。"

卫灵公篇第十五

2　子曰："赐也，女以予为多学而识之者与？"对曰："然。非与？"曰："非也。予一以贯之。"

【译文】

孔子说："赐啊！你以为我是学得多才懂得各种事情的人吗？"子贡答道："是啊。难道不是这样吗？"孔子说："不是的。我用一个基本道理把它们贯穿起来。"

4　子曰："无为而治者，其舜也与？夫何为哉，恭己正南面而已矣。"

【译文】

孔子说："能够无所作为而治理天下的人，大概是舜吧！那么，他做了些什么呢？恭谨律己，朝南端坐而已。"

5　子张问行。子曰："言忠信，行笃敬，虽蛮貊之邦行矣。

言不忠信，行不笃敬，虽州里行乎哉？立则见其参于前也，在舆则见其倚于衡也，夫然后行。"子张书诸绅。

【译文】

（弟子）子张问（我们的主张在世上）行得通的方法。孔子说："如果言语忠实可信，行为笃厚恭敬，那么即使在野蛮国家，也能行得通。如果言语欺诈无信，行为刻薄轻浮，那么即便在（国内的）州或里，就能行得通吗？站立时，仿佛隐约看见'忠实、可信、笃厚、恭敬'几个字在面前晃；坐车时，仿佛看见它们刻在车辕（车前的横木）上。做到这种程度就行得通了。"子张把这些话写在了绅（大带）上。

19 子曰："君子疾没世而名不称焉。"

【译文】

孔子说："君子担心去世之后名字不为人们所称颂。"

23 子贡问曰："有一言而可以终身行之者乎？"子曰："其恕乎！己所不欲，勿施于人。"

【译文】

子贡问说："有没有一句可以终身奉行的话呢？"孔子说："大概是'恕'吧！自己不想要的东西，就不要强加给别人。

24 子曰："吾之于人也，谁毁谁誉？如有所誉者，其有所试矣。斯民也，三代之所以直道而行也。"

【译文】

孔子说:"我对于别人,诋毁了谁?称赞了谁?如果有我赞誉的人,必然是经过考察的。(可以说)这样的对应才是百姓能像夏、商、周时代那样按正直之道行事的原因。"

阳货篇第十七

3 子曰:"唯上智与下愚不移。"

【译文】

孔子说:"只有上智与下愚不可以改变。"

19 宰我问:"三年之丧,期已久矣。君子三年不为礼,礼必坏;三年不为乐,乐必崩。旧谷既没,新谷既升,钻燧改火,期可已矣。"子曰:"食夫稻,衣夫锦,于女安乎?"曰:"安。""女安,则为之!夫君子之居丧,食旨不甘,闻乐不乐,居处不安,故不为也。今女安,则为之!"宰我出。曰:"予之不仁也!子生三年,然后免于父母之怀。夫三年之丧,天下之通丧也,予也有三年之爱于其父母乎!"

【译文】

宰我问:"守孝三年,即便是一年也已经够久了。君子三年不去实践礼仪,礼仪必然荒废;三年不去演奏音乐,音乐必定荒疏。陈谷既已吃完,新谷又已登场,钻木(生火用的木材)取火(但木材的种类也是一年一换),一年也就可以了。"孔子说:"(一年后)你就吃香喷喷的白米饭,穿漂亮的锦缎,你能觉得心安吗?"(宰我)说:"能心安。"(孔子说:)"你觉得心安,那你就这么做吧!君子守丧时,吃美味不觉得香甜,听音乐不觉得快乐,住在家里不觉得安适,所以才不做这些事情。你既然觉得心安,便去做好了!"宰我退了出来。孔子说:"宰予真不仁呀!小孩子生下来,三年以后才能完全脱离父母的怀抱。(为父母)守孝三年,本就是天下(各种身份)通行的丧礼。宰予难道就没有(得到)他父母的三年爱护吗!"

微子篇第十八

7 子路从而后,遇丈人,以杖荷蓧。子路问曰:"子见夫子乎?"丈人曰:"四体不勤,五谷不分。孰为夫子?"植其杖而芸。子路拱而立。止子路宿,杀鸡为黍而食之,见其二子焉。明日,子路行以告。子曰:"隐者也。"使子路反见之。至,则行矣。子路曰:"不仕无义。长幼之节,不可废也。君臣之义,如之何其废之?欲洁其身,而乱大伦。君子之仕也,行其义也。道之不行,已知之矣。"

【译文】

子路跟着(孔子),却远远落在后面,碰到一个用拐杖挑着竹器的老者。子路问说:"您看见我的老师了吗?"老者说:"四肢不劳动,五谷也不种(的男人),怎么能算老师呢?"说完,便扶着拐杖去锄草。子路拱着手站着。(老者)便留子路到他家住宿，杀鸡、做黍（饭）给子路吃，又叫他两个儿子出来相见。第二天，子路离开后，（向孔子）报告了这件事。孔子说："（那位老者）是位隐士。"叫子路返回去拜会他。子路到了那里，（老者）却离开了。子路便说："不做官就没有（君臣之）义了。（但）长幼之间的关系是不能废弃的，（那么）君臣之义又怎么能不管呢？（老者）想要洁身自好就乱了大道理。君子出来做官，是为了践行大义。至于道已经行不通的问题，早就知道了。"

尧曰篇第二十

3 孔子曰："不知命，无以为君子也。不知礼，无以立也。不知言，无以知人也。"

【译文】

孔子说："不懂得天命，就不能成为君子。不懂得礼仪，就不能立身于世。不懂得分辨话语，就不能辨识人的善恶。"

参考文献

本书主要内容来自以下七篇论文。此外，何晏《论语集解》日语全译本已由汲古书院出版。有关"古典中国"的时代背景，请参阅以下著作。

论文

渡邉義浩．『論語義疏』における平等と性三品説．激突と調和：儒教の眺望[C]．東京：明治書院，2013．

渡邉義浩．鄭玄『論語注』の特徴[J]．東洋の思想と宗教（31），2014：34-51．

渡邉義浩．定州『論語』と『齊論』[J]．東方学（128），2014：56-72．

渡邉義浩．『史記』仲尼弟子列伝と『孔子家語』[J]．中国：社会と文化（29），2014：119-133．

渡邉義浩．何晏『論語集解』の特徴[J]．東洋の思想と宗教（33），2016：27-44．

渡邉義浩．中国古典と津田左右吉．津田左右吉とアジアの人文学4[C]．東京：早稲田大学文学学術院，2018．

译注本

渡邉義浩（主編）.全譯論語集解（上下卷）[M].東京：汲古書院，2019.

参考书

渡邉義浩. 儒教と中国—「二千年の正統思想」の起源 [M].東京：講談社選書メチエ，2010.

渡邉義浩. 春秋戦国 [M]. 東京：洋泉社，2018.

渡邉義浩. 始皇帝—中華統一の思想 [M]. 東京：集英社，2019.

渡邉義浩. 漢帝国—400 年の興亡 [M]. 東京：中央公論新社，2019.

渡邉義浩.「古典中國」の形成と王莽 [M]. 東京：汲古書院，2019.

关于《论语》的参考文献不胜枚举。此处列出本书以下参考书目。

《论语》的代表性注释

1.〔东汉〕郑玄《论语注》，出土于敦煌、吐鲁番（约现存《论语》的二分之一）。

郑玄（127年至200年）撰写的《论语》注释书，从郑玄学整体角度解读《论语》，在所有古注中思想内涵最为深刻。月洞让《辑佚论语郑氏注》（私家本）汇集了从《论语集解》等其他文献收集而来的郑玄注，是一本劳心之作。此外，法国的佩里奥在敦煌石窟发现了约四篇注释，英国的斯坦因和日本的大谷光瑞也分别发现了几行注释。在吐鲁番墓地还发现了一部不足四篇的手抄本，作者是一个名叫卜天寿的十二岁少年。它们加在一起的篇幅约为半部《论语》。金谷治（编）《唐抄本郑氏注论语集成》（平凡社，1978）是这些文献的汇编本。在王素《唐写本论语郑氏注及其研究》（文物出版社，1991）、李方《敦煌〈论语集解〉校证》（江苏古籍出版社，1998）、许建平《敦煌经部文献合集》第四册（中华书局，2008）中也有《论语注》辑佚本。

2.〔三国〕何晏《论语集解》，在孔安国、郑玄等八家注释的基础上加入了自己的解释。

曹魏何晏（？年至249年）撰写的《论语》注释书，现存最古老的《论语》完整注本。它被称为"古注"，与宋代朱熹《论语集注》"新注"相对，是理解古义的最佳书籍。该书摘录并收集了生活在汉至魏的孔安国、包咸、马融、周氏（名不详）、郑玄、陈群、王肃、周生烈等八家注释，并加入了自己的解释。日本现存有正和四年（1315年）的抄本（手稿，公益财团法人东洋文库藏，重要文化财产），以及正平十九年（1364年）的抄本。

3.〔梁〕皇侃《论语义疏》，中国已失传，幸存于日本。佛学式玄学式的解释。

梁代皇侃（488年至545年）撰写的《论语》注释书。在何晏《论语集解》的基础上，收集了后来的注释并加以解释。该书对理解古义具有重要价值，并因其诞生于佛教和玄学（老庄思想）兴盛的时代而独具特色。虽然它在中国已失传，但传入日本后，江户时代的根本逊志（又名根本武夷，荻生徂徕弟子）对其进行了校刻，后又重新传回中国。武内义雄校订的怀德堂本，以及据此点校的高尚榘《论语义疏》（中华书局，2013）比较浅显易懂。

4.〔北宋〕邢昺《论语注疏》，十三经注疏之一。古注集大成之作。

邢昺（932年至1010年）奉北宋宋真宗之命编撰，同时编撰的还有《孝经》《尔雅》的疏。除皇侃《论语义疏》外，还对《五经正义》和隋代刘炫《论语述议》的注释进行了筛选。

该书收录于南宋末刊行的《十三经注疏》、清代阮元校订的版本，以及李学勤（主编）的标点本《十三经注疏》。

5.〔南宋〕朱熹《论语集注》，所谓"新注"即朱子学的立场进行解读。

南宋朱熹（1130年至1200年）所著《四书集注》中的一部分。"理"和"气"贯穿了宇宙观、人生观和道德观。该书结合圣人孔子的人格，认为《论语》是一部严格的伦理要求之书，阐明了人们现实中的实践目标。四书取代五经后，《论语》作为四书之首，拥有了绝对的权威。其中，清代吴志忠的校刊本较好，《新编诸子集成：四书章句集注》（中华书局，1983）使用该书为底本点校而成。《朱子全书》《四书章句集注》（上海古籍、安徽教育出版社，2002）则以现存最古老的宋当涂郡斋刻本为底本校对而成。

6.〔清〕刘宝楠《论语正义》，新注与古注的融合。

刘宝楠（1791年至1855年）撰写的《论语》注释书。在何晏《论语集解》的基础上，增加了不同学者的研究。但它并没有一谓地否定朱熹的《论语集注》。该书诠释详尽、条理清晰，是近代最推崇的《论语》注本。

7.〔日本江户〕伊藤仁斋：《论语古义》，尊《论语》为"最上至极宇宙第一书"。

伊藤仁斋（1627年至1705年）撰写的《论语》注释书，尊《论语》为"最上至极宇宙第一书"，认为《孟子》是《论语》的补充。通过这两本书，仁斋创立了古义学。该书反对朱子学，专注于日常道德，并阐明了这种态度的意义，认为孔子就是这种态度之化身。

8.〔日本江户〕荻生徂徕《论语征》，独具特色的解说。

荻生徂徕（1666年至1728年）撰写的《论语》注释书。书名取自"征古言"，按照徂徕的古文辞学的方法进行了独特的诠释。该书反对朱熹和伊藤仁斋，认为先王开创的治国之道才是儒教之道。虽然有些解释过于古怪，但在众多注释书中仍是较为出色的版本，在中国也被引用。

9.〔日本江户〕松平赖宽《论语征集览》，旨在解读《论语征》。

松平赖宽（1703年至1763年）编撰的《论语》注释书，每篇文章后附有何晏《论语集解》、朱子《论语集注》、伊藤仁斋《论语古义》的注释，并举出荻生徂徕《论语征》，标明徂徕探讨各家注释的内容。

译本

1. 諸橋徹次. 論語の講義[M]. 東京：大修館書店，1953.

作者诸桥辙次是著名学者，曾编纂《大汉和辞典》。最初以携带式袖珍本《掌中论语讲义》出版。重印于《诸桥辙次作品集5》（大修馆书店，1976）。

2. 宇野哲人. 論語[M]. 東京：明德出版社，1967.

东京大学中国哲学奠基人的宇野哲人的《论语》。该书收录了在东京汤岛圣堂举办的一系列月度讲座的记录。由于是讲座实录稿，因而内容通俗易懂。

3. 吉川幸次郎. 論語[M]. 東京：朝日新聞社，1959～63／

1996.

京都大学中国文学奠基人吉川幸次郎的《论语》。在研究各种注释的同时，作者用自己的语言对此进行逐条解读。他的弟子尾崎雄二郎担任聆听者和记录者。该书不但附有原文，按照日语语法的词序重新排列后的日语译文和注释，译文出色，十分具有现代感。书中阐述了《论语》作为文学、散文诗的韵律之美。重印于《吉川幸次郎全集4》（筑摩书房，1969）。

4. 貝塚茂樹. 論語[M]. 東京：中央公論社，2000～2003.

该书的作者是一位中国古代史专家，其特点在于历史性解读，"试图厘清孔子及其弟子生活的时代，即公元前五六世纪春秋末期，并在此背景下揭示他们的形象"。

5. 倉石武四郎. 口語訳論語[M]. 東京：筑摩書房，1970.

该译著以朱子《论语集注》为准，是《论语》最早的日语口语译本。直译部分用大字字体，注释部分用小字字体，行文一致，便于阅读。序言中的解说易于入门，卷末的汉语、汉字索引也十分便利。

6. 武内義雄. 論語[M]. 東京：岩波書店，1933.

根据作者六十年来对《论语》的研究，对原文进行了严格校订，并附有按照日语语法的词序重新排列后的日语译文和译注。重印于《武内义雄全集2》（角川书店，1978）。

7. 土田健次郎. 論語集注1～4[M]. 東京：平凡社，2013～2015.

朱子《论语集注》译注的权威译本。附有伊藤仁斋和获生徂徕的解说作为补充说明。

专著

1. 武内義雄. 論語之研究 [M]. 東京：岩波書店，1939.

通过仔细的文献批判，作者认为《论语》的每一篇都是一个连贯的整体。他结合古代传说进行解释，揭示了《论语》的形成情况，认为现在的《论语》可分为河间七篇本、齐鲁二篇本、齐人传承的七篇、季氏之后的三篇（季氏、阳货、微子），并论证了对《论语》的内容需加以批判地接受。重印于《武内义雄全集1》（角川书店，1978）。

2. 津田左右吉. 論語と孔子の思想 [M]. 東京：岩波書店，1946.

津田不同意武内的研究方法，他将《论语》进一步逐章分解，并将孔子或弟子的言论与《孟子》和《论语》等后世文献中的言论逐一进行比较。由此得出结论，《论语》并非孔子言论的逐字记录，而主要是由后世文献中的记录汇编而成。重印于《津田左右吉全集14》（岩波书店，1964）。

3. 木村英一. 孔子と論語 [M]. 東京：創文社，1971.

该书继承并深化了其老师竹内义雄的理论，厘清了《论语》各篇的文章脉络，同时从实证的角度探讨了各篇的结构和特点。

4. 渡辺卓. 古代中国思想の研究 [M]. 東京：創文社，1973.

受津田影响，追溯孔子及其弟子的言论如何形成的过程。

5. 宫崎市定. 論語の新研究 [M]. 東京：岩波書店，1974.

该书旨在推出新的解释。

6. 高橋均. 論語義疏の研究 [M]. 東京：創文社，2013.

关于流传于日本的《论语义疏》的研究。

7. 高橋均. 経典釈文論語音義の研究 [M]. 東京：創文社，2017.

除了《经典释文》中看到的《论语》之外，还对定州《论语》、《论语郑玄注》等进行了研究。

译者后记

这部《论语新解：孔子语录是如何形成的》译自日本学者渡边义浩所著日文书稿，原书稿由日本讲谈社于 2021 年 2 月 10 日首次公开出版发行。

作者渡边义浩先生是日本著名的中国史学者、汉学家、早稻田大学文学学术学院教授、早稻田大学副总长（副校长）。渡边先生毕业于日本筑波大学研究生院博士课程历史人类学研究科史学专业，长年致力于中国古代史、中国思想史及中日思想比较研究，学术成就斐然、著作等身，其代表作包括《后汉国家的统治与儒教》（雄山阁出版，1995）、《"古典中国"的文学与儒教》（汲古书院，2015）、《中国正史的形成与儒教》（早稻田大学出版部，早稻田选书，2021）、《"古典中国"中的史学与儒教》（汲古书院，2022）等。此外，渡边先生还担任日本《三国志》学会副会长兼秘书长职务，撰写了大量与《三国志》（《三国演义》）相关的学术专著，如《三国政权的构造与"名士"》（汲古书院，2004，增补版）、《从三国志看邪马台国》（汲古书院，2016）、《三国志事典》（大修馆，2017），以及面向日本一般读者的关于《三国志》的普及和入门书籍，如《诸葛亮的虚像与实像》（新人物往来社，

1998）、《三国志——从演义到正史，再到史实》（中公新书，2011）、《三国志的魅力——英雄们的志向》（人文书院，2015）。渡边先生还多次受邀做客日本 NHK 电视台讲解《三国志》，致力于《三国志》的普及，同时还担任华语电影《赤壁》的日文版监修，为在日本传播和普及《三国志》付出了不懈的努力。

正如渡边先生在"致中国读者"中所言，写作本书的目的并不是为了阐明《论语》的道德性或孔子的思想，而是为了探讨"从秦汉帝国到隋唐帝国，即在所谓的'古典中国'时期，《论语》是如何形成的？"这一问题。为此，作者以《论语》中前后矛盾的说法及重复等现象为切入点，广泛深入地验证了中国古代关于《论语》的注释及注释者的立场观点，结合注释者所处的历史背景，于浩瀚的史料中抽丝剥茧，厘清了《论语》形成的历史脉络和经纬，为读者展现了《论语》在形成过程中所经历的纷繁复杂的历史图景，最后得出了"《论语》是由多位作者经过漫长岁月，在不同的思想环境下编撰而成"的结论。

渡边先生在本书中不仅检证和阐明了《论语》的编撰成书过程，同时还提纲挈领地介绍了日本近世儒学者如伊藤仁斋、荻生徂徕等古学派，以及现代日本代表性的汉学家如诸桥辙次、宇野哲人、吉川幸次郎、贝塚茂树、仓石武四郎、武内义雄、土田健次郎等人研究《论语》的著述和学术观点，使我们在阅读本书的过程中还能同时窥见日本汉学家研究《论语》的范式、方法和成就，为我们了解中国文化在异域的演变、发展和影响提供了诸多启发，也为我们思考今后中国文化走出去提供了良好案例。

虽说本书是渡边先生研究中国史、中国思想史的一部学术力作，但是写作风格却与纯学术著作有所不同。整部书的问题意识十分清晰，各章节之间的关注点也是环环相扣、引人入胜，浅显易懂的叙述手法使得晦涩的历史事件和人物活灵活现地跃然纸上，不再令人费解和难懂。从这个意义上，本书也可说是一部无需具有中国古代史和思想史基础的一般读者能够轻松阅读、"接地气"的学术读物。

话虽如此，译者在翻译本书时却没有丝毫的随意和松懈，而是本着严谨认真的治学态度，一丝不苟地对待书中的每一个细节。

本书的翻译工作主要由叶晶晶担任，郭连友重点担任解决翻译中的疑难问题和译稿校对等监修工作。叶晶晶老师在北京外国语大学日本学研究中心日本文化专业攻读硕士和博士课程期间，曾分别赴日本京都里千家学园茶道专门学校和国际日本文化研究中心留学，以优异的成绩获得硕士和博士学位。硕士毕业后，叶晶晶老师在一家知识产权律师事务所工作，期间翻译了大量知识产权相关法律文件和专利文献，这期间的工作经历不仅大大提高了她的翻译水平，更培养了她严谨认真的翻译风格。博士毕业后，叶晶晶进入上海第二工业大学任教，其间也没有中断笔译工作，几年来翻译出版了两部译著和数篇学术译文。

翻译这样一部学术著作，译者光有丰富的翻译经验是远远不够的，还应该具有古代中国史、中国思想史和日本思想史等方面的知识储备和学识，否则无法胜任。叶晶晶老师在读博期间专攻中日茶道文化交流史这一课题，无疑对中国古代史、中日思想史、中日文化交流史有着深入的研究和涉猎，充分具备了翻译本书的条件。

此外，作者在撰写本书时，引用了大量原典史料，译者翻译时还需对这些原典史料进行逐一核实，其工作量之大、繁琐之程度远远超过其他类型的翻译。为此，叶晶晶老师在翻译时，不厌其烦，参考了大量中国古籍和现代译文，如何晏《论语集解》（商务印书馆，2023）、杨伯峻《论语译注》（中华书局，2017）、陈晓芬等《论语大学中庸》（中华书局，2015）、陈建初等《白话论衡》（岳麓书社，1997）、张永雷等《汉书》（中华书局，2016）、班固撰《汉书》（中华书局，2007）、杨伯峻《孟子译注》（中华书局，2019）、方勇《墨子》（中华书局，2015）、张觉等《韩非子译注》（上海古籍出版社，2016）、张大可《白话本史记》（商务印书馆，2016）、文天《史记》（中华书局，2016）、杨天宇《周礼译注》（上海古籍出版社，2016）、闻钟《世说新语》（商务印书馆，2018）、《论语义疏》（商务印书馆，2013）、《论语注疏》（中国致公出版社，2016）、彭林译注《仪礼》（中华书局，2012）等。通过上述努力，译者争取做到对原文的充分理解和译文的准确。

翻译时，译者尽管本着严谨认真、力求完美的治学态度，但是由于水平和时间所限，译文中难免会有不妥甚至错误之处，还望读者多多批评指正。

最后，再次感谢新航道国际教育集团胡敏董事长提供的宝贵翻译机会，以及新航道负责编辑工作的各位同仁的大力协助。

郭连友

2024年仲夏于北京

图书在版编目（CIP）数据

论语新解：孔子语录是如何形成的／（日）渡边义浩著；叶晶晶，郭连友译. -- 北京：世界知识出版社，2024.10. -- ISBN 978-7-5012-6846-7

Ⅰ．B222.25

中国国家版本馆CIP数据核字第2024V6G891号

责任编辑	谢　晴
特约编辑	龚玲琳
特邀编辑	赵学敏　范晶晶
责任出版	赵　玥
责任校对	张　琨

书　　名	论语新解：孔子语录是如何形成的
	Lunyu Xinjie：Kongzi Yulu Shi Ruhe Xingcheng De
作　　者	〔日〕渡边义浩
出版发行	世界知识出版社
地址邮编	北京市东城区干面胡同51号（100010）
网　　址	www.ishizhi.cn
电　　话	010-65233645（市场部）
经　　销	新华书店
印　　刷	北京盛通印刷股份有限公司
开本印张	880毫米×1250毫米　1/32　10$\frac{1}{4}$印张
字　　数	200千字
版次印次	2024年10月第1版　2024年10月第1次印刷
标准书号	ISBN 978-7-5012-6846-7
定　　价	78.00元

版权所有　侵权必究